호남인 기업가의 창업과

글로벌 기업가정신

START-UP INNOVATION AND GLOBAL ENTREPRENEURSHIP OF HONAM ENTREPRENEUR

호남인 기업가의 창업과

글로벌 기업가정신

START-UP INNOVATION AND GLOBAL ENTREPRENEURSHIP OF HONAM ENTREPRENEUR

김일태·강덕균·임영언·박석강 공저

전남대학교출판문화원

서 문

충무공 이순신 장군은 1593년 7월 사헌부 지평 희암(希菴) 현덕승(玄德升)에게 보낸 서신에서 "竊想湖南國歌之保障 若無湖南是無國家(절상호남국가지보장 약무호남시무국가)"라고 썼다. 이는 "호남은 국가의 보루이고 만일 호남이 없으면 나라가 없다"는 의미이다. 이 문장은 임진왜란(1592) 당시 호남의 전략 요충지와 호남인의 항전 의지를 내포하고 있다. 마찬가지로 해방 이후 경제개발 과정에서 출향 호남인의 창업이노베이션과 기업가정신은 한국 산업화의 초석이 되었고 1980년 5·18 광주민주화운동과 호남 정신은 한국 민주화의 중심이었다.

이 책은 한국 경제발전 과정에서 소외되어 인적·물적 측면에서 경제적 기반이 약했던 호남 출신 청년들이 타 지역으로 이동하는 과정, 호남 정신의 발현, 창업과 기업가정신의 이론을 토대로 창업으로 성장해 나가는 과정, 창업이노베이션과 금의환향의 기업가정신을 바탕으로 성공한 기업가로 자리 잡아 고향과 모국에 기여한 사례를 분석하였다.

먼저 호남인들이 한국의 경제개발 시기에 새 삶을 찾아 타 지역으로 떠날 수밖에 없었던 이유를 검토하였다. 1960년대 이후 정부 주도로 시행된 한국의 경제개발은 경부고속도로 준공(1970년)을 계기로 경부 축을 중심으로 국토의 거점개발과 공업화 전략이 주류를 이루었다. 한국은 1960년대 의류, 신발, 가발 등의 노동집약형 경공업, 1970년대 석유, 철강 등의 노동집약형 중화학공업, 1980년대 이후 전기 및 전자와 자동차 등 요소투입형 제조업을 중심으로 한 성장전략을 통해 고도경제성장을 달성했다. 이런 개발전략으로 경부 축은 이미 1980년 기준 전국 인구의 59.9%, 공업생산액의 81.6%를 차지하게 되었다. 그러나 농업지대였던 호남지역은 경제성장의 혜택에서 배제되어 산업화 과정에서 현장 노동력을 제공하는 공급처의 역할을 담당하게 되었다. 이에 따라 호남인들이 대거 정든 고향을 떠나는 심각한 이농 현상을 겪게 되었다. 이렇게 생계를 위해 타 지역에 이주한 호남인들은 고향을 떠나온 외로움을 달래며 서로 의지하기 위해 각 지역에서 호남향우회, 광주전남향우회, 전북도민회 등을 조직하여 친목을 다지고 상부상조 활동을 본격적으로 전개하였다. 그중에서도 주목할 만한 출향 호남인 기업가 1세대로는 김재철 동원그룹 회장(강진 출신)과 신용호 전 대한교육보험 회장(영암 출신)을 비롯해 작고한 김향수 전 아남반도체 회장(강진 출신)과 양재봉 전 대신그룹 회장(나주 출신) 등이 있다. 또한, 우호현 SM그룹 회장(고흥 출신), 이중근 부영그룹 회장(순천 출신), 박순석 신안그룹 회장, 박성철 신원그룹 회장(이상 신안 출신)

등도 여기에 속한다.

그런데 산업화시대 전국 혹은 전 세계로 뿔뿔이 흩어지게 된 호남인들이 왜 다시 모일 수 있게 되었는가? 그 중심에는 5·18 광주 민주화운동과 호남 정신이 자리 잡고 있다. 1980년 5·18 광주 민주화운동은 인접 국가인 일본을 발판으로 중국, 소련, 미국, 영국, 유럽 등 기타 국가로 호남 정신이 확대되어 갔으며 글로벌 호남인 결집의 중요한 모멘텀(Momentum)으로 자리 잡게 되었다.

호남인의 정서, 호남 정신에 대해서 일찍이 폴 디마지오(DiMaggio, 1990)는 사회적 인지 혹은 암묵적 인지를 제시한 바 있다. 즉, 인간의 인지구조는 새로운 정보를 해석하기 위한 구조이며 사회적 인지는 어떤 인지가 특정 집단의 내부에 공유되는 것을 의미한다. 어느 집단의 문화는 공유된 인지로부터 형성되기 때문이다. 구체적으로 문화는 신념, 태도, 관념, 규범, 가치 등 우리가 의식하여 공유하고 있는 인지, 그리고 암묵적으로 자명한 것으로 우리가 의식하지 않고 그대로 수용하거나 공유하고 있는 인지도 포함된다. 출향 호남인들에게 이러한 사회적 인지, 혹은 암묵적 인지의 일종은 '거시기'라는 표현에도 잘 나타나 있다. 이 용어는 호남인들을 오랫동안 하나의 끈(문화)으로 묶는 구실을 했으며 세계호남향우회 인터넷 신문, 호남인 월드 등이 창간되면서 더욱 가속화되었다.

베네딕트 앤더슨(Benedict Anderson, 1983)은 '상상의 공동체'

라는 책에서 민족공동체 형성의 기원에 대해 인쇄자본주의의 발달에 의한 것으로 설명하고 있다. 사람들이 새로운 방식으로 자신에 대해 생각하고 타인과 연결해주는 수단을 인쇄물(책 혹은 신문 등)이라고 생각했다. 이것은 신문이나 각종 매체, 혹은 최근 카톡이나 SNS 등에 의한 정보의 보급과 전파로 지역 안에서 일어나는 사건을 공유하고 그 과정에서 지역공동체 안의 소속감을 느끼게 해준다는 것이다. 앤더슨이 말하는 상상의 공동체 개념은 같은 지역, 같은 문화, 같은 역사적 공유가 언어와 인쇄자본, 최근 SNS 등에 의해 끊임없이 공유되고 교육받아 온 역사적 결과의 산물이라는 주장이다.

이와 관련하여 포르테스(Portes, 1998)와 그라노베타(Granovetter, 1973)는 사회적 자본이라는 측면에서 '약한 연대'의 특징, 즉 느슨한 관계를 통해 관계가 없는 다른 사람과의 다리(가교) 역할이 가능하다고 주장하였다. 즉 약한 연대는 폐쇄적인 강한 연대에서는 입수할 수 없는 정보, 기회, 자원과의 연결이나 결합을 통하여 새로운 자원을 탐색하고 획득하는 데 유리하다는 것이다. 세계호남향우회총연합회가 지향하는 3無(회칙, 회비, 회장 선거 없음) 정책은 '약한 연대(느슨한 연대)'의 최대 효과라고 볼 수 있을 것이다.

미국을 중심으로 2013년 조직화한 세계호남향우회는 1980년 5월 광주민주화운동이 만들어 낸 역사적 산물이다. 이것은 세계호남향우회가 영남향우회나 제주향우회 혹은 충청향우회와 다른 특징이라 할 수 있다. 또한 세계호남향우회는 '애향애국 호남향우회'를 기치로 "고향을 사랑하는 자, 나라를 사랑할 수 있다."라는 구호 아래 같은 역사의 경험과 문화를 공유한 호남인의 역사적 산물이자 1980년 5월 광주민주화운동이 탄생시킨 지역공동체 운동이라 할 수 있다. 2013년 세계호남향우회총연합회가 지향하는 3無 정책은 '약한 연대(느슨한 연대)' 조직의 효과를 극대화한 것으로 볼 수 있다.

국내 출향 호남인 기업가는 불리한 창업 조건에서 현실 상황에 맞게 새로운 수요를 창출해낼 수 있는 혁신적인 아이디어를 지속해서 개발하고, 새로운 시장을 개척하려는 진취적인 자세, 국내외 불확실한 경제 및 사회 환경 변화 속에서도 끊임없이 도전하는 기업가정신을 발휘하였다. 사업적으로 성공을 거둔 후에는 타 지역에서 동향인(同鄕人)들로 구성된 향우회에 가입하여 향우들을 상호 지원하고 출신 고향 발전을 위해 각종 기부금이나 장학금을 전달하는 나눔의 정신을 실천하였다.

해외 거주 호남인 기업가는 현지 한인회장, 민주평통자문회의 해외지부 임원 등을 맡아 한인사회의 통합과 발전, 한류 문화교류와 매개자 역할, 조국의 통일운동 지원활동 등을 통해 국가와 지역사회발전에 솔선수범하는 사회적 책임을 다하기 위해 노력하였다. 또한, 해외 현지 상공회의소 회장, 한상(韓商) 관련 단체 임원 등으로 적극 참여하여 한국과 해외 현지 국가 간 경제 및 투자 협력의 중개자 역할을 담당했고, 직접 모국에 투자하여 한국의 경제발전에 크게 이바지하였다.

이렇게 출향 호남인 기업가가 성공할 수 있었던 것은 창업 과정에서 틈새시장을 공략하여 끊임없는 창업이노베이션과 기업가정신을 발휘하였기 때문이다. 이를 통해 개인의 경제적 성장뿐만 아니라 모국의 경제발전을 견인하는 역할을 담당하여 한국이 경제 대국으로 성장하는 데 중요한 역할을 담당했으며 나눔정신의 실천, 한국문화의 교류, 평화통일 기반 조성 등을 통해 한국의 위상을 높이는 데도 이바지하였다. 그 이면에는 고향을 떠나야 했던 죽음도 두려워하지 않은 절박한 심정의 '헝그리정신'과 국가나 사회가 위기에 처했을 때 분연히 일어섰던 '호남정신'이 그 기저에 깔려 있었기 때문이다. 오늘날 세계호남향우들은 사업으로 성공을 거둔 후에는 타 지역에서 동향인(同鄕人)들로 구성된 향우회에 적극적으로 가입하여 향우들을 지원하고 고향 발전을 위한 각종 기부금이나 장학금을 전달하는 나눔의 정신을 실천하고 있다.

이 책에 관심 있는 독자들은 호남인 기업가의 창업이노베이션, 호남향우회, 금의환향의 기업가정신에 관심이 있거나 현장에서 고향 사랑을 실천하려는 기업가들일 것이다. 이 책이 앞으로 기업가의 고향 사랑 기부, 나눔 정신, 기업가정신을 실천하려는 독자들에게 참신한 아이디어를 제공하고 연구자들에게 고향 사랑 프로젝트 모델의 제시와 새로운 연구 지평을 열어 줄 수 있기를 기대한다.

이 책의 출간은 공저자들의 헌신적인 집필과 출향 호남인 기업가분들의 기록으로 가능했다. 특히 바쁜 기업 활동에서도 취재와 인터뷰로 생생한 기록을 전해준 출향 호남인 기업가분들께 감사를 전한다. 마지막으로 이 책이 출판되기까지 물심양면으로 도움을 주신 전남대학교와 전남대학교출판문화원 관계자들에게 깊은 감사를 드린다.

2023년 2월

저자 대표 김일태·임영언

목 차

표 목차

그림 목차

사진 목차

제1장

서 론

제1절 연구목적

제2절 연구배경

제3절 연구방법 및 대상

제4절 연구내용 및 구성

CHAPTER 1

서 론

제1절 연구목적

한국의 경제개발 시기에 호남은 개발정책에서 소외된 지역의 하나였다. 1962년 박정희 정권은 정부 주도의 경제개발5개년계획을 도입하면서 한국 경제개발전략을 서울, 경기 등 수도권과 부산, 포항, 구미 등 영남권을 연결하는 '경부 축'을 중심으로 한 불균형 성장정책을 적극적으로 추진하였다. 한국 정부는 제1차 국토계획(1972년~1981년)에서도 경부 축을 중심축으로 대규모 공업 기반을 구축하고 선도 산업을 육성하여 한국의 경제를 이끌어가겠다는 의도를 담았다. 당시 '공업화'라는 명목으로 추진된 경제개발전략으로 인해 수도권과 영남권은 중화학공업과 수출지향 관련 산업의 비약적인 성장을 이룩하였고 이 과정에서 이들 산업에 종사하려는 노동인구의 폭발적인 수요 증가로 이들

지역에 인구가 집중되었다. 이런 개발전략과 정책으로 수도권의 과밀화와 경부 축 중심의 양극화를 초래하였다.

하지만, 당시 경제개발정책에서 배제되었던 호남을 비롯한 농업지역은 낙후상태를 면치 못했다. 특히 농업생산에 절대적으로 의존할 수밖에 없었던 호남은 산업 기반의 약화로 갈수록 경제 격차가 벌어졌다. 더욱이 한국 정부는 산업화 초기 공업화에 필요했던 산업노동자들의 식량 조달을 위해 저곡가정책의 기조를 계속 유지했기 때문에 농업생산에 의존했던 호남은 더욱 피폐해질 수밖에 없었다. 이러한 과정에서 당시 농업으로 생계를 유지하기 어렵다고 생각한 호남의 청소년과 청년들은 산업공단이 들어선 다른 지역을 향해 산업노동자로 이동하거나 수도권 등 인구가 집중된 대도시로 이동하여 새로운 삶을 모색하기 시작했다.

이 시기에 호남에서 무작정 상경의 유행이 발생한 것도 이러한 이유 때문이었다. 이에 따라 호남은 심각한 '이농 현상'을 경험하게 되었고 인구는 급감하기 시작했다. 이렇게 이동한 호남 출신 젊은이들은 정부가 주도적으로 육성한 산업공단에 취업하여 경제성장과 함께 봉급생활자로 자리를 잡아갔다. 그리고 한국의 경제성장 과정에서 경제발전을 지탱하는 산업일꾼으로 성장하였다.

이렇게 무작정 상경한 수많은 호남 출신 청년들은 개인 기업체 또는 소규모 영세공장에 취업하여 생계를 유지해야 했다. 안정된 일자리를 찾기 어려웠던 호남 출신 청년들은 닥치는 대로 일을 할 수밖에 없었다. 특히 정부의 개발정책 혜택을 받지 못한 데다 인적·물적 기반이 약했던 호남 출신 청년들은 멸시와 차별을 받는 사회적 약자로 전락할 수밖에 없었다.

이와 같은 상황에도 불구하고 많은 호남 출신 청년들은 생계비를 줄여가며 사업자금을 마련하여 창업의 길로 들어섰다. 정부 경제개발의 정책적 수혜를 입지 못한 호남 출신 청년들이 선택한 창업의 길은 '틈새시장' 공략이었다. 왜냐하면, 정부가 정책적으로 지원하는 대규모 사업에 도전하는 것은 현실적으로 어려웠기 때문이다. 소규모 사업자금과 정책적 지원의 부재 속에서 창업은 그만큼 어려웠다. 사회적 약자로서 창업의 길을 선택했던 많은 호남 출신 기업가들은 숱한 시행착오 속에서도 신뢰(신용)를 쌓아가며 기업을 성공적으로 일구어냈다.

호남 출신 기업가들은 여기에서 그치지 않고 해외로 진출하여 한국 경제발전의 일익을 담당하는 역할을 하기 시작했다. 1989년 한국 정부의 해외여행자유화조치와 함께 본격화된 한국인들의 해외 진출에는 호남 출신 기업가들도 많이 포함되어 있다.[1)]

한국의 경제발전은 정부의 지원을 받아 철강 산업을 이끈

---

1) 이 책에서 호남인 기업가는 기본적으로 호남지역에서 출생하여 타 지역으로 이동하여 창업한 사람들을 지칭한다. 호남인 디아스포라는 이동 그 자체에 중점을 두고 좀 더 넓은 의미에서 국내나 해외로 진출하여 타 지역에서 생활하고 있는 호남 출신의 모든 사람을 지칭하는 용어로 사용하였다.

박태준 회장, 조선과 자동차 산업의 정주영 회장, 삼성 반도체 산업의 이병철 회장 등 이른바 대기업을 일군 재벌총수의 역할이 컸음은 두말할 나위도 없다. 그러나 한국 경제발전 과정에서 호남 출신 기업가들도 한국 경제발전의 큰 축을 담당했지만, 이들에 대한 평가는 아직 인색한 실정이다.

이 책은 한국 경제발전에 이바지한 호남 출신 기업가들에 관한 연구가 거의 없다는 가정에서 출발하고 있다. 따라서 이 책의 목적은 한국 경제발전 과정에서 경제개발의 소외지역에 살았던 호남 출신 청년들이 인적·물적 측면에서 경제적 기반이 약했던 호남에서 다른 지역으로 이동하여 어떻게 기업을 창업했고 어떤 기업가정신과 창업이노베이션을 바탕으로 성공한 기업가로 성장하였으며, 한국 경제발전에 어떻게 기여했는지를 고찰하는 데 있다.[2)]

제2절 연구배경

한국의 산업화 시기에 호남인들은 고향을 떠나 타지로 향했다. 1962년부터 본격적으로 시작된 정부의 산업화정책이 경부

---

2) 이 책의 출향 호남 기업인의 창업과 기업가정신 분석 사례는 강덕균(2021)의 전남대학교 대학원 경제학과 석사논문, 『한국의 경제발전과 출향 호남 기업인의 역할: 창업 혁신과 기업가정신을 중심으로』에서 일부 내용을 수정·보완하였다.

축을 중심으로 한 불균형 성장모델을 적용함에 따라 초기 산업화 경쟁에서 밀려났던 호남은 경제개발에서 소외지역으로 전락했다. 특히 정부는 경제개발 초기 공업화에 따라 필수적으로 필요하게 된 공장지대 산업근로자를 확보하기 위해 저곡가정책을 단행했다. 이를 통해 이른바 공장노동자들을 저임금으로 고용할 수 있는 기반이 마련되었고, 농업지대 잉여 노동력을 공장지대로 돌리는 효과를 거두었다.

이에 따라 농촌 지역인 호남에 살고 있었던 호남인들은 농사로는 더 이상 생계를 유지하기가 어려운 형편에 놓였다. 이에 따라 호남의 젊은이들은 공장지대 또는 대도시로 이동하여 새로운 삶을 개척했다. 이러한 이동은 비단 호남인들 뿐만 아니라 국내 농업지역에 살고 있던 국민 대다수가 직면한 상황이었다.

이렇게 농촌을 떠난 전라도 人들은 공장이 들어서기 시작한 서울을 비롯한 수도권 지역으로 집중적으로 이동했다. 이어 점차 산업화가 진행된 부산, 울산, 구미, 마산 등 영남지역으로 진출했다. 이렇게 고향을 떠난 호남인들은 산업체나 개인사업체에 취업하여 노동자로서 정착해가거나 막노동 등을 통해 생계를 이어갔다.

한국의 경제개발 시기에 타지를 향해 이동한 호남인들의 수를 정확히 파악하기는 현실적으로 어렵다. 그러나 통계청이 1970년부터 시·도 및 시·군·구별 순 이동자 수(전출-전입)의 통계를 발표하기 시작하여 이를 통해 대강의 순 이동자 수 추이를 파악할 수 있게 되었다. 이를 분석한 결과, 1970년부터 사실상의 경제개발5개년계획이 끝난 1997년(신경제 5개년 계획 종료 시점)까지 호남인의 순 이동자 수(전출-전입)는 약 360만 명에 달했다. 서울·경기도·인천 등 수도권이 80% 이상을 차지했고, 부산·경남·경북지역으로 순 이동자 수도 상당수에 이르렀다.

타 지역으로 진출한 호남인들은 산업근로자로 정착하거나 돈을 모아 창업의 길로 들어서 기업가로 성장했다. 창업의 길에 들어선 호남인들은 소자본을 모아 소규모 영세사업체를 설립하여 기업가로 성장해갔다. 이들은 정부의 경제개발정책의 특혜를 받지 못했기 때문에 맨주먹으로 기업체를 일궈 '한강의 기적'을 달성하는 데 일조했다. 이들이 사업적으로 성공을 거둔 후에는 고향 출신들의 모임인 향우회에 참가하여 향우를 돕는 일을 적극적으로 전개했고 경제 발전을 위해 헌신하기도 했다.

호남인들은 국내뿐만 아니라 해외로도 진출했다. 초기에는 주로 외항선을 타고 외국에 정착한 뒤 사업에 도전했지만 1989년 한국의 해외여행자유화조치 이후에는 해외 주재원이나 상사로 진출한 뒤 현지에 정착하여 사업 영역을 확대했다. 이들 또한 사업적 자본력이 약했기 때문에 맨주먹 창업을 통해 갖은 역경을 이겨내고 성공 가도를 달렸고 성공 이후에는 고국과 현지 한인사회를 위해 헌신했다.

이처럼 호남 출신 기업가들은 무일푼으로 시작해 기업을 일으켜 세워 성공한 기업인으로 성장했을 뿐만 아니라 한국의 경제 발전에 이바지했지만, 지금까지 호남 출신 기업가들이 한국의 경제 성장에 미친 영향에 대한 평가는 인색했다.

이 책의 내용은 이러한 문제의식에서 출발한다. 타지에 정착해 기업을 일군 호남인들은 밑천이 없었기 때문에 소규모 영세 자영업을 통해 사업을 시작할 수밖에 없었고, 더욱이 국내에 새로운 산업을 접목할 정도의 정보와 자본을 가지고 있지 못했기 때문에 대부분 기존 시장의 틈새를 공략하였다. 이렇게 타향으로 진출한 호남인들은 인적·물적으로 사업적 기반이 전혀 없었기 때문에 기존기업들의 틈새시장을 개척하여 소자본 영세창업을 통해 경제발전의 대열에 합류했다. 타 지역으로 진출한 호남인들의 창업 과정은 이른바 디아스포라 기업가들이 겪었던 과정을 거쳐 성공한 기업가로 자리 잡았다.

따라서 이 책은 타향으로 진출한 출향(出鄕) 호남 출신 기업인들이 어떻게 창업했으며, 창업 이후에는 어떠한 창업이노베이션을 통해 성공한 기업가로 성장할 수 있었는가에 대해 알아보는데 있다. 그리고 성공한 기업인으로 성장하기까지 그들을 지탱해준 기업가정신이 어떤 것이었는가를 알아보는 데 있다.

출향 호남인 기업가의 창업이노베이션과 기업가정신을 파악하기 위해서는 이를 뒷받침할 이론적 토대가 필요하다. 따라서 먼저 창업이노베이션에 적용되는 이론들을 살펴본 뒤 기업가정신을 이루는 구성요소를 알아볼 것이다. 그리고 국내 출향 호남인 기업가 6인과 해외 출향 호남인 기업가 6인의 사례를 통해 실제 기업의 성장 과정에서 적용한 창업이노베이션과 기업가정신을 분석할 것이다.

이러한 분석과정을 통해 이 책의 독자들은 다음과 같은 내용을 접하게 될 것이다. 첫째, 한국 사회에서 사회적 약자의 상황에 놓여 있던 호남 출신 기업가들은 현지 사회의 차별과 멸시를 받으면서도 기존기업들의 틈새시장을 개척하여 소규모 영세창업을 통해 경제발전의 대열에 합류했다.

둘째, 호남 출신 기업가들은 정부 차원의 지원 혹은 외부의 협조가 미미했지만, 상호 신뢰(신용)와 협력을 바탕으로 사업영역을 확대해 나갔으며, 파괴적 혁신을 통한 기술개발 및 상품개발, 구조적 공백(Structural Hole)의 연결을 통해 새로운 시장을 개척하고 창업이노베이션을 달성하여 성장해 나갔다.

셋째, 호남 출신 기업가들은 명확한 비전과 확실한 신념을 가지고 미래를 예측하며 국내외 어려운 경제 환경을 전화위복의 계기로 삼는 강인한 기업가정신을 소유하고 있었다. 또한, 호남 출신 기업가들은 사업적으로 성공을 거둔 후에는 동향인(同鄉人)들로 구성된 향우회단체에 가입하여 적극적으로 활동하면서 상호 협력하고 고향 발전에도 이바지하는 특유의 애향심을 발휘하였다. 여기에다 해외 거주 호남 출신 기업가들은 거주지역 민주평화통일자문회의를 비롯한 한인 단체의 리더나 임원으로 활동하면서 현지 한인사회의 발전뿐만 아니라 대한민국 민간외교관의 역할을 자임하며 국가경제발전에 크게 이바지하였다.

넷째, 호남 출신 기업가들은 국내외 경제단체에 참가하여 한국의 경제영토와 문화영토를 확장하는 데 있어서 모국과 거주국 간의 매개자 역할을 담당하였다.

이 책의 중심 내용은 한국의 비약적인 경제성장 과정에서 한국 경제를 선도적으로 견인했던 재벌과 대기업 창업가들의 역할도 중요하지만, 국내외 기업 현장에서 비록 소규모 영세창업을 했지만, 창업이노베이션과 투철한 기업가정신을 발휘하여 국가 경제발전에 이바지한 호남 출신 기업가들의 역할도 중요했다는 점을 강조하고 있다.

사진 1. 2018년 세계호남향우회총연합회 회원 광주 국립 5·18 민주묘지 참배 모습

제3절 연구방법 및 대상

이 책의 연구 범위는 국내외 호남 출신 기업가를 대상으로 하고 있다. 국내의 경우, 경제개발5개년계획이 본격적으로 시행된 1962년 이후 한국 경제개발전략의 기본 골격이 유지되고 공업화라는 원래 목표를 어느 정도 달성했던 제5차 경제개발5개년계획의 완료 시점인 1986년 이전에 창업하여 현재까지 사업성과를

거두고 있는 호남 출신 기업가들 가운데 6인을 선정하여 이들을 대상으로 인터뷰를 통해 창업이노베이션과 기업가정신을 분석하였다.

또한, 해외의 경우는 1989년 한국 '해외여행자유화조치'가 단행된 이후 해외로 진출한 호남 출신 기업가들이 해외에서 창업 기반을 다질 수 있었던 약 10년 간의 기간을 고려하여 2000년 전후 창업한 후 현재까지도 왕성하게 기업 활동을 전개하고 있는 호남 출신 기업가들 가운데 6인을 선정하여 창업이노베이션과 기업가정신을 분석하였다. 이 책의 연구 방법은 호남 출신 기업가 12인(국내 6명, 해외 6명)을 대상으로 인터뷰 조사와 문헌연구를 통해 그들의 창업이노베이션과 기업가정신 사례를 분석하고 제시하였다. 또한, 출향 호남인 가운데 한-일간의 사회문화적 특히 '사회적 책임성'에 중점을 두고 활동을 전개한 2인을 분석하였다.

이 책에서 활용하고 있는 인터뷰 조사 및 사례분석 대상 인물은 다음과 같이 5가지를 기준으로 선정하였다.

첫째, 먼저 '출향(出鄕) 호남인 기업가'를 대상으로 선정하였다. 여기서 '출향 호남인 기업가'란 한국의 경제발전 시기에 고향 호남을 떠나 국내외 타 지역에 정착하여 창업의 꿈을 이룬 호남 출신 기업가를 지칭한다. '출향'이라는 단어를 붙인 이유는 현재 고향인 호남지역에서 기업활동을 전개하고 있는 호남인 기업가와 고향을 떠나 국내 타 지역 혹은 해외에 정착하여 기업활동을 전개하고 있는 호남인 기업가와 구분하기 위해서이다.

둘째, 인적·물적 네트워크가 없는 국내외 타 지역에서 창업하여 독자적인 기술개발 및 경영혁신, 창업이노베이션을 통해 기업 성과를 달성하고 현재까지 왕성한 기업활동을 전개하고 있는 기업가를 대상으로 하였다.

표 1. 조사 대상 및 인물 개요

구분	기업가	성별	회사 및 소재	주요 제품	선정 이유
국내 호남인 기업가	오순기	남	(주)해광요업 인천	법랑유약	독자적 기술개발 통한 창업이노베이션
	김윤중	남	삼원기업(주) 서울	레미콘 ·아스콘	산학협력 등 혁신적 기업가정신
	박형문	남	녹십초그룹 서울	알로에	신물질 개발 통한 사업 영역 확대
	이종덕	남	금호화성(주) 서울	스펀지	수입처 다변화 등의 경영혁신
	서한옥 (작고)	남	세진무역회장 서울	부동산	무차입 경영으로 서울 강남 등 4곳에 고층빌딩 소유
	김용복	남	영동농장 강진	농업	아랍 사막에서 무·배추 생산 성공
해외 호남인 기업가	박종범	남	영산그룹 오스트리아	무역업	도전적 경영혁신 통한 글로벌네트워크 구축
	김점배	남	알카오스 트레이딩 오만	원양어업	획기적 창업이노베이션과 위험성 극복 기업가정신
	박상윤	남	상해상윤 무역유한공사 중국 상해	중국무역	사업 아이템의 혁신적 전환으로 새로운 영역 구축
	전희배	남	일본키스코 주식회사	소프트웨어 개발	한국 IT인재 교류
	이명식	남	(주)전주재팬	무역업	전주 막걸리 일본 진출 노력
	정한영	남	한영E&C 중국	반도체 클린룸	침체극복 중국 반도체 클린룸 산업 선도

셋째, 정부의 정책적 지원 등 외부적 지원을 받지 않고 자신의 노력으로 소규모 영세기업을 창업했지만, 혁신성, 진취성, 위험 감수성 등의 기업가정신을 발휘하여 현지에서 성공한 기업가를 대상으로 하였다.

넷째, 비록 빈손으로 고향을 떠나 타 지역에 정착하였지만, 사업 성공을 거둔 후에는 고향이나 향우(鄕友), 그리고 모국(母國)인 한국과 재외한인(韓人)사회 발전을 위해 나눔의 정신을 실천하고 한국의 경제발전에 기여한 기업가를 대상으로 하였다.

다섯째, 연구자가 과거 직접 인터뷰했던 호남 출신 기업가들 가운데 대상자를 선정하였다. 그리고 해외 호남 출신 기업가의 경우 공간적 한계로 인해 연구자가 직접 대상을 선정하는 데 어려움이 많았기 때문에 장보고 글로벌재단이 장보고의 기업가정신을 기리기 위해 2016년부터 2020년까지 '장보고한상어워드'로 선정한 기업가 25명 가운데 호남 출신 기업가 4명(박종범, 김점배, 박상윤, 정한영)외에 추가로 발굴한 2명(전희배, 이명식)을 포함하여 모두 6명으로 선정했다.

제4절 연구내용 및 구성

이 책은 총 7장으로 구성되어 있다. 각 장의 주요 내용을 정리하면 다음과 같다. 제1장은 연구목적 및 배경, 연구 방법 및 대상, 인터뷰 선정기준 등에 관하여 기술하였다. 먼저 연구목적은 한국 경제발전 과정에서 경제개발의 소외지역에 살았던 호남 출신 청년들이 인적·물적 측면에서 경제적 기반이 약했던 타 지역으로 이동하여 기업을 창업하고 성장해 나가는 과정, 창업이노베이션과 기업가정신을 바탕으로 어떻게 성공한 기업가로 자리잡았는지에 대하여 기술하였다. 연구 방법은 호남인 출신 기업가를 대상으로 인터뷰 조사를 통해 그들의 창업이노베이션과 기업가정신 사례분석 및 인터뷰 선정기준을 제시하였다. 해외 거주 호남 출신 기업가 가운데 일부 내용은 기존 매체를 통해 이미 발표된 자료를 인용 분석하였다.

제2장은 창업이노베이션과 글로벌 기업가정신에 대한 이론적 토대에 관해 선행연구를 중심으로 살펴보았다. 선행연구를 통해 창업이노베이션을 분석하는 구성요소로 '틈새시장 공략', '파괴적 혁신', '구조적 공백의 연결'을 분석 기준으로 삼았다. 또한, 기업가정신을 분석하는 구성요소로는 혁신성, 진취성, 위험 감수성을 기본적인 분석 기준으로 삼았다. 특히 이 책에서는 여기에 더하여 최근 기업가들에게 강조되고 있는 '사회적 책임성'을 추가로 기업가정신을 분석하는 기준으로 정하였다. 그리고 이 책에서 검증하고자 하는 연구과제를 제시하였다.

제3장은 출향 호남인 기업가와 한국의 경제개발이라는 주제로 한국의 경제개발 과정에서 호남인의 출향 동향과 이들이 국내외 현지에서 창업한 기업들을 살펴보았다. 정부 주도로 시행된 한국의 경제개발이 경부 축을 중심으로 한 공업화 전략이 본격적으로 시행되면서 농업지대에 놓여 있었던 호남은 경제성장

에서 배제되어 산업화과정에서 현장 노동력을 제공하는 산업근로자의 공급처 역할을 담당하게 되었다. 이에 따라 호남인들이 대거 정든 고향을 떠나는 심각한 이농 현상을 경험하였다. 구체적으로는 1970년부터 1997년까지 28년간 통계청의 자료에 따르면 호남인구의 타 지역 순 이동은 356만 9,823명에 달했다. 그러나 재경광주전남향우회 관계자들이 재경 광주 및 전남 각 시군향우회를 통해 전국의 호남 출신 향우 수를 추정한 숫자는 대략 1,200만 명에 달했다. 여기에는 타 지역 이동 이후 태어난 가족을 포함한 수치이다. 서울, 경기 등 수도권에 광주·전남 출신 500만 명, 전북 출신 300만 명이 거주하고 있고, 부산 등 기타지역에 광주·전남·전북 출신이 400만 명 정도 거주하고 있는 것으로 추정하고 있다. 이처럼 호남인들은 한국의 경제개발 시기에 새 삶을 찾아 타 지역으로 대규모로 이동한 것으로 나타났다. 생계를 위해 타 지역에 이주한 호남인들은 고향을 떠나온 외로움을 달래며 서로 의지하기 위해 각 지역에서 호남향우회, 광주전남향우회, 전북도민회 등을 조직하여 친목을 다지고 상부상조 활동을 본격적으로 전개했다.

제4장은 5·18 광주 민주항쟁 이후 세계호남향우회의 조직화와 연대 활동에 대하여 살펴보았다. 세계호남향우회 연대운동은 단순한 호남인의 친목 운동 그 이상이라 할 수 있다. 미국을 중심으로 2013년 조직화 된 세계호남향우회는 1980년 5월 광주민주화운동이 만들어 낸 역사적 산물이다. 이것은 세계호남향우회가 영남향우회나 제주향우회 혹은 충청향우회와 다른 특징이라

할 수 있다. 또한, 세계호남향우회는 '애향애국 호남향우회'를 기치로 "고향을 사랑하는 자, 나라를 사랑할 수 있다"는 구호 아래 같은 역사의 경험과 문화를 공유한 호남인의 역사적 산물이자 1980년 5월 광주민주화운동이 탄생시킨 지역공동체 운동이라 할 수 있다. 여기에다 세계호남향우회총연합회가 지향하는 3무 정책은 '약한 연대(느슨한 연대)'의 효과로 규정할 수 있다.

제5장은 국내 출향 호남인 기업가의 창업이노베이션과 기업가정신 사례를 살펴보았다. 국내 출향 호남인 기업가는 주어진 창업조건이나 현실 상황에 맞게 새로운 수요를 창출해낼 수 있는 혁신적인 아이디어를 지속적으로 개발하고, 새로운 시장을 개척하려는 진취적인 자세, 국내외 불확실한 경제 및 사회 환경 속에서도 끊임없이 도전하는 기업가정신을 발휘한 것으로 나타났다. 사업적으로 성공을 거둔 후에는 타 지역에서 동향인(同鄕人)들로 구성된 향우회에 가입하여 향우들을 지원하고 고향 발전을 위해 각종 기부금이나 장학금을 모금하는 나눔의 정신을 실천하였다.

제6장은 해외 출향 호남인 기업가의 창업이노베이션과 기업가정신 사례를 살펴보았다. 해외 거주 호남인 기업가의 경우 현지 한인회장, 민주평통 자문회의 해외지부 임원 등을 맡아 한인사회의 통합과 발전, 한류 문화의 교류와 매개자 역할, 조국의 통일 운동 지원 활동 등을 위해 국가와 지역사회발전에 솔선수범하는 사회적 책임성을 다하는 것으로 나타났다. 또한, 해외 현지 상공회의소 회장, 한상(韓商) 관련 단체 임원 등으로 참여하

여 한국과 해외 현지 국가 간 경제 및 투자 협력의 중개자 역할을 담당했고, 본인들도 직접 모국에 투자 활동을 전개하여 한국의 경제발전에 크게 기여한 것으로 나타났다.

제7장은 맺음말로 본 연구의 결론과 시사점, 연구한계와 향후 연구과제에 관하여 기술하였다. 출향 호남인 기업가는 끊임없는 창업이노베이션과 기업가정신을 발휘하여 개인의 경제적 성장뿐만 아니라 모국의 경제발전을 견인하는 역할을 담당하여 한국이 경제 대국으로 성장하는 데 중요한 역할을 담당했고 나눔 정신의 실천, 한국문화의 교류, 평화통일 기반 조성 등을 통해 한국의 위상을 높이는 데 기여한 것으로 나타났다. 이렇게 출향 호남인 기업가가 특유의 기업가정신을 발휘하여 한국의 발전에 기여할 수 있었던 것은 죽음도 두려워하지 않은 절박했던 '헝그리 정신'과 국가나 사회가 어려움에 직면했을 때 분연히 일어섰던 '호남정신'이 그 기저에 깔려있었기 때문으로 생각된다. 출향 호남인 기업가는 창업과정에서 공통으로 틈새시장을 공략하여 창업을 선택하였다. 이는 출향 호남인 기업가 모두 현지사회에서 사회적 약자의 위치에 있었기 때문에 현지 기존 기업들의 틈새시장을 개척할 수밖에 없었던 상황을 고려한 결과로 생각된다.

제2장

창업이노베이션과 기업가정신의 이론적 토대

CHAPTER 2

창업이노베이션과 기업가정신의 이론적 토대

제1절 선행연구 검토 및 이론적 배경

한국에서 창업이노베이션과 기업가정신에 관한 기업가 연구는 대기업을 일군 이른바 재벌총수에 관한 내용이 주를 이루고 있다. 대표적으로는 조재호의 『한국의 경제발전과 기업가정신』(UUP : 울산대학교출판부) 등이 그 예이다. 또한 일제강점기를 전후하여 일본에 진출한 한국 출신 기업인들에 대한 기업가정신에 관한 연구는 나가노 신이치로(永野愼一郎)의 『한국의 경제발전과 재일한국기업인』(말·글 빛냄), 임영언·박석강·김일태의 「창업이노베이션과 글로벌 기업가정신에 관한 연구: 재일동포 기업가 김희수(金熙秀)를 중심으로」((사)한일경상학회 한일경상논집 제88권) 등에서 찾아볼 수 있다.

전술한 선행연구의 내용은 일본 사회에서 사회적 약자로서 기업을 일궈낸 인물들에 대해 조명하고 있다. 또한, 일본 사회에서 성공하기까지의 노력과 과정을 설명하고 이후 한국의 경제성장과 사회발전에 어떻게 기여했는지를 다루고 있다. 이들 가운데 출향 호남인 기업가를 대상으로 이루어진 창업과 기업가정신에 관한 연구는 김일태·임영언의 『사회적경제와 소셜이노베이션』(전남대학교출판문화원) '제9장 사회적경제와 디아스포라 경제'가 거의 유일하다고 볼 수 있다. 이 연구는 호남을 떠나 일본에 진출한 호남 출신 기업가들의 성공과정과 국내 및 고향에 대한 기여내용을 상세히 다루고 있다. 그러나 일본을 제외한 해외 다른 지역으로 진출한 출향 호남인 기업가에 대해서는 다루지 않고 있다.

이 책의 내용은 한국 경제발전 시기에 국내 타 지역에 진출한 호남 출신 기업가뿐만 아니라 해외로 진출한 호남 출신 기업가들을 대상으로 창업이노베이션과 기업가정신을 함께 분석하고 있다는 점에서 의미가 있다. 이 책에서 다루고 있는 '창업이노베이션(Innovation)'에 대한 이론적 토대는 슘페터(Schumpeter)로부터 시작된다. 슘페터(1911)[1]는 창업이노베이션이 '새로운 결합(new combination)을 융합해가는 과정'에서 발생한다고 설명하고 있다. 즉, 다양한 요소들이 새롭게 결합해가는 과정에서 창업이노베이션이 발생한다고 보았다. 따라서 기업가들이 어떤 자

---

1) Schumpeter, Joseph A.(1911), "Entrepreneurship as Innovation," Richard Swedberg ed., *Entrepreneurship: Social Science View*, Oxford University Press, pp.51-71.

본을 어떻게 조합하는가에 따라서 혁신의 내용도 크게 달라질 것으로 보았다. 특히 슘페터는 '창조적 파괴(creative destruction)'라는 개념을 도입하여 새로운 혁신을 지속적으로 수행함으로써 경제발전과 성장을 달성할 수 있다고 주장하였다. 이러한 슘페터의 주장은 창업이노베이션의 개념을 처음으로 도입했다는 점에서 매우 의미가 크다.

이와 더불어 창업이노베이션의 내용을 구체적으로 제시한 크리스텐슨(Clayton M. Christensen, 2005)[2)]은 회사 운영이 잘 되고 소비자들로부터 좋은 평가를 받는 회사들이 실패하는 이유로 '파괴적 혁신(disruptive innovation)'을 가진 경쟁자들을 간과했기 때문이라고 주장하였다. 여기서 '파괴적 혁신'이란 새로 창업한 기업이 파괴적 기술을 활용하여 기존기업을 초월하는 변화 또는 전개 상황을 일컫는다. 즉, 기존기업이 자사에 유리한 고객수요에 초점을 맞추어 제품의 품질을 향상함으로써 일부 고객층의 욕구에 지나치게 집중하게 되고 다른 고객층을 무시하기 때문에 결국 도전 기업들에게 기회를 제공하게 된다는 것이다. 이는 곧 소규모 영세기업이나 신생기업은 결국 파괴적 혁신을 통해 기존기업을 따라잡는 창업이노베이션을 이루어내야 한다는 것을 의미한다.

바스(Barth, 1978)[3)]와 버트(Burt, 2000)[4)]는 사회적 관계(네트

---

2) 클레이튼 크리스텐슨·마이클 레이너(역자 딜로이트컨설팅 코리아)(2005), 『성장과 혁신』, 세종서적.

3) Barth, Fredrik(2000), "Economic Spheres in Darfur," Richard Swedberg

워크)의 개념을 도입하여 창업이노베이션을 전개해나가는 이론을 제시하였다. 이들은 창업이노베이션에 대하여 창업가의 경제적 성공의 결정적인 요인은 이전에 상호 분리되어 있던 교환영역을 연결하는 능력에 있다고 주장하였다. 즉, 창업이노베이션이 기업가의 '구조적 공백(Structural Holes)'을 연결하는 능력이라고 주장했다. 그는 기업가들이 구조적 공백을 연결하거나 다른 채널이나 영역을 잇는 능력(네트워크)을 발휘함으로써 새로운 시장을 개척할 수 있다고 강조하였다.

또한, 탈레스 테이셰이라[5](Thales S. Teixeira, 2019)는 디커플링(Decoupling) 이론을 제시했다. 이 이론은 기존 회사들이 소비자들이 원하는 제품과 서비스를 공급하기 위해 거치는 모든 절차를 한 덩어리로 묶어 하나의 사슬처럼 만들었다고 주장하였다. 하지만, 오늘날 신생기업들은 이 사슬을 끊어내어 고객에게 하나 또는 일부 활동만을 충족시킬 기회를 제공하고 있다는 것이다. 그리고 나머지 활동은 기존기업들이 충족하게 한다. 이렇게 기존 소비 사슬을 끊어내는 과정을 '디커플링(Decoupling)'이라 한다.

---

ed., *Entrepreneurship: Social Science View*, Oxford University Press, pp.139-165.

4) Burth, Ronald(1992), "Structural Holes: The Social Structure of Competition," Harvard University Press.

5) 탈레스 테이셰이라(김인수 옮김)(2019), 『디커플링』, (주)인플루엔셜, pp.24-25.

반대로 신생기업들이 디커플링을 통해 시장에서 기반을 구축하고, 고객을 위한 구체적인 서비스 활동을 충족시키면서 성장하게 되는데 이를 '커플링(Coupling)'이라 부른다. 처음의 디커플링과 뒤이은 커플링은 신생기업이 기존기업의 시장을 빠르게 점유할 수 있게 해준다. 테이셰이라의 디커플링 이론은 디지털 시대에 비즈니스모델의 혁신이 고객 중심으로 이루어지고 있다는 점에 착안하여 설명하고 있다.

이상과 같이 창업이노베이션을 이루어내기 위해서는 기업가 본인이 어떤 기업가정신을 가지고 기업을 일구어나가는지가 매우 중요하다. 기업가정신에 관한 연구도 처음에는 슘페터(Schumpeter, 1934)에서 비롯됐다고 볼 수 있다. 조창현(2018)[6]은 "슘페터는 기업가를 '현재에 만족하지 않고 실패의 위험을 무릅쓰는 사람, 미래에 도전하는 창조적 파괴를 통해 끊임없이 새로운 가치를 창조하는 혁신가'라 정의하였다. 또한, 그는 미래의 상황을 예지하는 판단력과 새로운 것을 시도하려는 혁신적이며 창의적인 정신으로 혁신을 선도해나가는 것을 기업가정신으로 정의하였으며 이러한 기업가정신은 기업발전의 원동력이라고 주장했다. 슘페터(Schumpeter, 1934)는 기업가정신을 기업조직의 새로운 조합, 신제품의 소개, 원재료의 새로운 생산방법, 신시장의 개척, 신조직의 창출 등을 위한 실천정신으로 보았다."고 했다.

---

6) 조창현(2018), 「기업가정신과 경영성과의 관계에서 조직 시민 행동과 성과측정시스템의 역할에 관한 연구」, 단국대학교 대학원, p.4.

이러한 슘페터(Schumpeter, 1934) 이후 기업가정신에 관한 연구는 많은 국내외 학자들에 의해 수행되었다. 가령, 조재호(2011)[7]는 기업가정신을 "불확실한 상황에 도전하여 남보다 한발 앞서서 이윤 창출의 기회를 감지하고 새로운 혁신을 통해 창조적 파괴에 도전하는 순발력과 추진력을 갖춘 정신"으로 정의하였다.

특히 조창현(2018)은[8] 기업가정신을 "소유한 기업에 대해 제품시장 혁신과 어느 정도 위험 요소를 고려한 벤처를 수행하는 기업으로 정의하고 혁신을 진취적으로 수행하면서 경쟁자들과의 관계에서 우위를 점하기 위해 노력하는 기업"으로 정의하였다.

이와 유사하게 밀러(Miller, 1983)[9]는 제품과 시장 혁신을 추구하고 위험 요소에 대하여 진취적으로 대응하여 경쟁자의 기선을 제압하고자 하는 조직의 성향을 기업가정신이 강한 기업의 특성으로 규정하고 기업가정신의 구성요소로 위험 감수성, 혁신성, 진취성을 제시하였다. 여기에서 위험 감수성은 불확실한 환경에서도 이에 도전하는 정신을 말한다. 그리고, 혁신성은 시장지향적인 아이디어를 제품이나 서비스로 전환하는 정도를 지칭한다. 또한, 진취성은 시장에 대한 적극적인 도전성으로 설명하고 있다. 이상과 같이 밀러(Miller, 1983)가 주장한 기업가정신에

---

7) 조재호(2011), 『한국의 경제발전과 기업가정신』, 울산대학교출판부, p.41.

8) 앞 논문, 조창현(2018), p.5.

9) Miller, D.(1983) "The correlates of entrepreneurship in three types of firms," *Management Science*, vol. 29(7), pp.770-791.

대한 구성요소는 이후 해외뿐만 아니라 국내 연구자들에게도 기업가정신을 설명하기 위한 3대 기본 구성요소로 분류하게 되었다.

이 책은 창업이노베이션을 분석하는 구성요소로 '틈새시장 공략', '파괴적 혁신', '구조적 공백의 연결'을 분석 기준으로 삼았다. 또한, 기업가정신을 분석하는 구성요소로는 혁신성, 진취성, 위험 감수성을 기본적인 분석 기준으로 삼았다. 특히 이 책에서는 여기에 더하여 최근 기업가들에게 강조되고 있는 '사회적 책임성'을 기업가정신을 분석하는 기준으로 추가하였다.

제2절 창업이노베이션과 기업가정신의 개념

이 책에서 다루고 있는 주요 용어인 창업동기, 창업이노베이션, 기업가정신에 관한 개념을 정의하면 다음 <표 2>와 같다.

표 2. 연구 개념의 구성 요소

구분	구성 요소
창업동기	사회적 약자(호남 출신, 도산, 생계유지 등)
	인적자본(경력, 교육)
	사회적 자본(구조적 공백)
창업이노베이션	틈새시장 공략
	파괴적 혁신
	구조적 공백의 연결
기업가정신	혁신성
	진취성
	위험 감수성
	사회적 책임성

먼저, 창업동기는 출향 호남인 기업가가 국내 및 해외에서 사회적 약자의 처지에 있음에도 새로운 삶을 개척하기 위해 소자본을 마련하여 창업에 뛰어들게 된 계기를 파악하는 것을 의미한다. 여기에는 호남이라는 출신지의 약점, 사업실패, 생계유지 등이 포함된다.

다음으로 창업이노베이션은 호남 출신 기업가들이 소규모 영세창업을 한 이후 기업의 성공을 거두기 위해 적용한 혁신적 기업경영 사례를 일컫는다. 창업이노베이션은 '틈새시장 공략', '파괴적 혁신', '구조적 공백의 연결' 등을 구성 요소로 하였다.

또한 기업가정신이란 수많은 경제적 불확실성에도 불구하고 창업이노베이션을 단행하여 성공한 기업인으로 자리 잡기까지 소유하고 있던 기업가의 자세와 태도라고 말할 수 있다. 기업가정신을 검증하기 위한 구성요소로는 혁신성, 진취성, 위험 감수성, 사회적 책임성 등이 있다.

이 책은 이상과 같은 연구개념을 바탕으로 다음과 같은 내용을 검증하고자 한다. 먼저, 출향 호남인 기업가 12명을 대상으로 조사한 내용을 국내 및 해외 기업인으로 구분하여 각각의 창업동기, 창업이노베이션, 기업가정신을 분석할 것이다. 이 과정에서 호남 출신 기업가들은 어떤 창업이노베이션을 통해 사업 성과를 달성했는가를 살펴보고, 기업가로서 갖춰야 할 자세와 태도인 기업가정신의 구성 요소를 충족하고 있는지에 대하여 검증하고자 한다. 이와 더불어 호남 출신 기업가들의 특징적인 기업가정신인 사회적 책임성이 어떻게 발현되고 있는가에 대해서도 살펴볼 것이다.

제3절 연구주제

이 책에서는 선행연구와 이론적 배경을 바탕으로 제시된 다음의 연구주제를 분석하고자 한다.

연구과제 1. 출향 호남인 기업가는 인적·물적 토대가 약한 사회적 약자의 처지에 있었기 때문에 현지 사회와 기존기업의 '틈새시장'을 공략하여 창업에 성공하였다.

연구과제 2. 출향 호남인 기업가의 창업이노베이션은 크리스텐슨이 주장한 것처럼 소규모 자영업 및 신생기업으로 기업성공에 필요한 고객의 수요를 파악하고, 사업에 투자하여 기업가의 고유 역량을 발현하는 등 '파괴적 혁신(Disruptive Innovation)'을 통해 기업을 성장·발전시켰다.

연구과제 3. 출향 호남인 기업가는 바스(Barth, 2000)와 버트(Burt, 1992)가 주장한 사회적 관계(네트워크)의 개념을 도입하여 이전에 분리되어 있던 교환영역을 연결하는 능력(다른 채널·영역을 잇는 능력), 즉, '구조적 공백(Structural Holes)'을 통해 창업이노베이션을 이루어나갔다.

연구과제 4. 출향 호남인 기업가는 기업가정신의 3대 기본 구성요소인 혁신성, 진취성, 위험 감수성을 발휘하여 기업을 성장시켰다.

연구과제 5. 출향 호남인 기업가가 사업적으로 성공을 거둔 후에는 성공의 결과물을 고향이나 향우들과 나눔의 정신을 발휘했고, 해외 거주 호남 출신 기업가의 경우 현지 한인사회 발전이나 한류 문화의 보급, 통일운동 등을 위해 솔선수범하여 지원하는 사회적 책임성을 발휘했다.

연구과제 6. 출향 호남인 기업가가 국내 뿐만 아니라 해외에서도 각종 경제 관련 단체의 임원을 맡아 한국과 현지 국가 간 경제협력의 매개자 역할을 했으며 모국에도 지속적인 투자를 통해 모두 경제발전에 이바지했다.

제3장

출향 호남인 기업가와 한국의 경제개발

CHAPTER 3

출향 호남인 기업가와 한국의 경제개발

제1절 한국의 경제개발

한국의 경제개발은 1962년 도입된 경제개발5개년계획이 시행되면서 본격화되었다. 1945년 해방 직후 혼란기와 6·25 한국전쟁 등으로 계속된 국가적 위기 상황에서 정부 차원의 경제개발이 계획적으로 진행되기는 어려웠다. 한국은 6·25 한국전쟁 이후 전후 복구를 위한 무상원조를 통해 경제를 지탱해왔지만, 박정희 정권이 들어서면서 원조의존형 경제를 탈피하고 자립경제 기반을 구축하기 위한 정부 주도의 경제정책이 본격적으로 추진되었다. 다음 <표 3>은 한국의 주요 경제정책이었던 경제개발5개년계획을 정리한 것이다.

한국 정부는 1962년 '사회경제적 악순환의 시정과 자립경제 기반 구축'을 목표로 제1차 경제개발5개년계획을 발표하였고,

1966년까지 5년 동안 진행되었다. 당시 경제실적은 계획경제 성장률(7.1%)을 초과 달성하는 연평균 7.8%의 높은 경제성장률을 기록하며 경제성장 기반을 다졌다. 이후 '산업구조 근대화와 자립경제 확립 촉진'이라는 목표로 제2차 경제개발5개년계획(1967~1971)을 진행하여 연평균 9.6% 경제성장률(계획 7.0%)을 기록했다. 또한 '경제성장, 안정, 균형의 조화와 자립 경제구조 실현, 국토종합개발과 지역개발의 균형'을 목표로 한 제3차

사진 2. 경제개발5개년계획 홍보탑

경제개발5개년계획(1972～1976년)으로 연평균 9.2%의 높은 경제성장률(계획 8.6%)을 달성했다. 제4차 경제개발5개년계획(1977～1981년)은 '자력 성장구조의 실현, 사회개발을 통한 균형의 증진, 기술혁신과 능률의 향상'을 목표로 진행되었지만, 제1차(1973)에 이어 제2차 오일파동(1979)의 영향으로 연평균 5.8%의 비교적 낮은 경제성장률(계획 9.2%)을 달성했다. 그러나 '경제안정구조와 자력 성장 기반의 구축, 기술혁신, 국민 생활의 질적 개선, 정부 기능의 쇄신'을 목표로 한 제5차 경제개발5개년계획(1981～1986년) 기간에는 연평균 9.8%라는 높은 경제성장률(계획 7.6%)을 기록했다. 한국의 경제개발계획은 이상과 같은 제5차 경제개발계획까지가 주축을 이뤘다고 볼 수 있다.

한국은 제1～4차의 경제개발5개년계획을 마치고 제5차 5개년계획을 거치는 동안 후진국의 굴레를 벗어나 신흥공업국으로 급성장했고, 경제구조나 국민생활면에서 급격한 변화가 일어났다.[1] 그러나 한국은 제5차에 걸친 경제개발5개년계획을 통해 비약적인 경제성장을 달성했지만, 빈부격차 등 경제적 불평등, 그리고 개발독재에 따른 사회적 혼란이 극도에 달했다. 이를 개선하기 위해 제6차부터는 '경제개발'이라는 용어 대신에 '경제사회발전'이라는 용어를 도입하여 제6차 경제사회발전5개년계획(1987～1991년)이라는 명칭으로 경제개발을 단행했다.

---

1) 송병락(1984), 「한국경제론」, 박영사, p.421.

제6차 경제사회발전계획은 '능률과 형평을 토대로 한 경제 선진화와 국민복지의 증진'을 기본목표로 삼고 '경제사회의 제도와 질서의 선진화', '산업구조의 개편과 기술 입국의 실현', '지역사회의 균형발전과 국민 생활의 질적 향상'을 추진과제로 선정하였다. 이 기간의 경제성장률은 10.0%(계획 7.3%)를 기록했다.

표 3. 한국의 경제개발5개년계획 과정2)

계획의 명칭	제1차 계획	제2차 계획	제3차 계획	제4차 계획	제5차 계획
계획 목적	·사회경제적 악순환의 시정 ·자립경제 기반의 구축	·산업구조의 근대화 ·자립경제의 확립을 더욱 촉진	·성장, 안정, 균형의 조화 ·자립적 경제구조 실현 ·국토종합 개발과 지역개발의 균형	·자력성장 구조의 실현 ·사회개발을 통한 형평의 증진 ·기술혁신과 능률의 향상	·경제안정 기조와 자력성장 기반의 구축 ·기술혁신 ·국민생활의 질적 개선 ·정부 기능의 쇄신
계획 기간	1962~1966년	1967~1971년	1972~1976년	1977~1981년	1982~1986년
경제 성장률(%) 계획(실적)	7.1 (7.9)	7.0 (9.7)	8.6 (10.2)	9.2 (5.7)	7.6 (9.8)
주요 정책과제	·에너지 공급원의 확보 ·국민경제의 구조적 불균형의 시정	·식량 자급, 산림 녹화 및 수산자원의 개발 ·고도의 공업화 기반의 조성	·주곡의 자립 ·농·어촌 생활환경 개선	·투자재원의 자력 조달 ·국제수지 균형의 달성	·인플레 경제의 탈피 ·중화학공업의 경쟁력 회복

2) 송병락(1984), 「한국경제론」, 박영사, p.418.

계획의 명칭	제1차 계획	제2차 계획	제3차 계획	제4차 계획	제5차 계획
주요 정책과제	·기간산업과 사회간접자본의 확충 ·유휴자원의 활용 ·국제수지의 개선 ·기술의 진흥	·국제수지 개선 ·고용증대, 가족계획 추진 및 인구팽창 억제 ·영농의 다각화와 농가소득의 향상 ·과학기술의 진흥과 인력개발을 통한 기술과 생산성의 향상	·국제수지 개선 ·중화학공업 육성을 통한 공업 구조의 고도화 ·과학기술의 향상과 인력개발 ·사회간접 자본의 확충 ·국토자원의 효율적 개발과 산업 및 인구의 적정분산 ·주거환경의 개선과 국민복지 향상	·산업구조 개편과 국제경쟁력 제고 ·고용 기회 확대와 인력개발 ·새마을 사업의 확대 ·생활환경의 개선 ·과학기술 투자의 확대 ·경제운용과 제도의 개선	·농업정책의 정비 ·에너지제약의 극복 ·금융제도의 개선 ·정부기능의 재정립과 재정적 운용의 합리화 ·경쟁체제의 확립과 개방정책의 추진 ·교육 및 인력개발과 과학기술의 진흥 ·새로운 노사관계의 정착 ·사회개발의 확충

이후 제7차 경제사회발전5개년계획(1992～1996년)이 발표되었지만, 이 계획은 1992년 12월 대통령선거에서 김영삼 대통령이 당선되어 1993년 신경제5개년계획으로 대체되었다. 그러나 김영삼 정부는 1993년 대통령취임 이후 '신경제'를 기본으로 하

여 새로운 신경제계획을 수립하게 함으로써 7차 계획은 사실상 사문화되었다. 물론 신경제계획의 상당 부분이 7차 계획과 중복되는 것이었지만 제7차 계획과 신경제계획은 그 출발선에서는 상당히 다르다.

제7차 계획이 6차 계획의 연장선에서 수립됐지만, 신경제계획은 6차 계획까지의 성과를 비판적으로 평가하여 민간 참여와 창의를 유발하는 새로운 경제를 건설하기 위해 그때까지의 관행과 제도 중 적합지 않은 것을 혁신하고자 했다는 점에서 계획의 수립 의도에 차이가 있다.[3] 그렇지만 '경제개발5개년계획'이라는 명칭으로 진행된 한국의 경제개발은 1997년까지 진행된 신경제5개년계획까지로 보는 것이 타당할 것으로 생각된다.

이상과 같이 한국은 경제개발이 본격화된 1962년부터 1997년까지 35년간 연평균 8.3%의 높은 경제성장률을 달성했다.[4] 그러나 수출 중심의 고도성장을 추진한 경제개발5개년계획은 인플레이션 유발, 외국자본 의존, 금융의 성장 수단화 등 부작용을 초래하였다. 이와 같은 경제성장의 부작용은 1997년 IMF 구제금융이라는 사상 초유의 국가 부도 사태를 유발시켰다. 그렇지만, 한국이 경제개발5개년계획을 통해 비약적인 경제성장을 이룩할 수 있었다는 점은 부인할 수 없을 것이다.

한국 정부가 추진한 경제의 어느 한 부분을 집중적으로 육성

---

3) 강광하(1997), 「경제개발5개년계획」, 『경제논집』, 서울대학교경제연구소, p.70.

4) 변형윤(2012), 『한국경제발전의 역사』, (주)지식산업사, p.169.

하여 빠른 성장을 달성하려는 불균형 성장전략은 많은 문제점을 발생시켰다. 대기업 재벌 중심의 경제성장 정책은 재벌의 성장으로 중소기업 성장의 부진을 초래하였고 공업 우선 정책은 농업의 부진과 도시와 농촌 간의 경제적 격차를 더욱 가중시켰다.[5] 정부는 지역 간, 도농 간의 격차를 해소하고 국토의 공간적 균형발전을 위해 1972년부터 2001년까지 3차례의 국토종합개발계획을 시행하였고 이어서 제4차, 현재는 제5차 국토계획을 시행하고 있다. 특히 제1차는 공업화 추진, 제2차는 수도권의 과밀완화, 제3차는 자율적 지역개발 전개를 목표로 삼았다. 한국의 경제개발 과정에서 시행된 주요 계획과 제도는 다음 <표 4>에 잘 나타나 있다.

이처럼 정부 주도로 시행된 한국의 경제개발은 경부 축을 중심으로 한 공업화 전략이 주류를 이루면서 농업지대에 놓여 있었던 호남은 경제성장에서 배제된 채, 산업화의 현장에 노동력을 공급하는 산업근로자의 공급처의 역할을 담당하게 되었고 이에 따라 수많은 사람이 정든 고향을 떠나는 심각한 이농 현상을 경험하였다.

---

5) 앞의 책, 변형윤(2012), p.189.

표 4. 한국 경제개발의 주요 계획 및 제도 (1960년대~1999년)

<table>
<tr><th>연도</th><th>정치 및 사회적 배경</th><th>주요 계획 및 제도</th></tr>
<tr><td>1960~
1970년대</td><td>· 한일국교정상화(1965)
· 오일쇼크(1973, 1979)
· 빈곤사회, 정부주도의 자립경제기반 구축, 공업화 기반조성
· 거점개발과 경부축 중심의 양극화</td><td>· 제1차경제개발5개년계획 시작(1962~1966년)
· 제1차국토종합개발계획 (1972~1982년)
· 지방공업개발법 제정 (1970년)
· 공업단지 및 수출산업단지 조성</td></tr>
<tr><td>1980년대</td><td>· 3저호황(1986~88)과 6·29 선언(1987)
· 개발의 전국 확대와 국민 복지 수준 제고
· 수도권 과밀완화와 인구의 지방 정착</td><td>· 경제개발5개년계획 시행
· 제2차국토종합개발계획 (1982~1991년)
· 수도권정비 계획법 제정
· 제1차수도권정비계획 (1984~1996년)
· 서해안종합개발사업계획 수립</td></tr>
<tr><td>1990년대</td><td>· 문민개혁(1993~97년) 지방분산형 국토와 신산업 지대 조성</td><td rowspan="5">· 제3차국토종합개발계획 (1992~2001년)
· 제2차수도권정비계획 (1997~2011년)
· 지역균형개발 및 지방중소 기업육성법(1994년)
· 대전청사 이전(8개 청 및 3개 기관)
· 산업발전법 제정(1999년)</td></tr>
<tr><td>1995년</td><td>· 제1회 전국 지방동시선거, 지방자치제의 부활</td></tr>
<tr><td>1997년</td><td>· IMF 경제위기</td></tr>
<tr><td>1998년</td><td>· 제2회 전국 지방동시선거, 김대중 정부 출범</td></tr>
<tr><td>1999년</td><td></td></tr>
</table>

제2절 출향 호남인 기업가

1. 출향 호남인구

1962년 한국이 경제개발5개년계획을 도입한 이후 광주, 전남, 전북 등 호남은 심각한 인구이동과 감소를 겪었다. 인구감소의 이유는 한국 경제개발이 경부 축을 중심으로 이루어짐으로써 개발 소외지역, 즉 '농도(農道)'[6]에 거주했던 호남인들이 생계유지를 위해 산업화의 바람이 불어닥친 서울을 비롯한 수도권과 부산 등 영남권으로 새로운 직장이나 직업을 찾아 이동했기 때문이다. 이것이 흔히 회자되는 '이촌향도(離村向都)의 현상이라 할 수 있다. 이러한 인구이동은 현재도 진행 중이라고 볼 수 있지만, 특히 호남인구가 타 지역으로 급격히 빠져나간 시기는 경제개발 초기인 1960년대 초부터 1990년대까지라고 할 수 있을 것이다.

당시 호남인들은 주로 호남선과 전라선 완행열차를 타고 서울 및 수도권으로 향했고, 남해안 바닷가 사람들은 여수에서 배를 타고 부산 등지로 향했다. 또한, 제주도로 향한 호남인들은 주로 목포에서 가야호 등 완행 배를 탔고 해남, 진도 등 전남 서남해안 사람들은 진도 벽파진에서 기다리고 있다가 목포에서 출발한 배에 몸을 실었다. 이렇게 현지에 도착한 호남인들은 산업노동

6) 농업(農業)을 주요 산업으로 하는 지방 광역행정구역을 지칭한다.

자, 소상인, 농업노동자 등으로 자리를 잡고 힘든 타지 생활을 시작했다.

호남인들이 타 지역으로 이동한 숫자를 정확히 파악하기는 현실적으로 어렵다. 그러나 통계청이 작성한 자료를 통해 대략 파악할 수 있다. 통계청이 한국 인구의 시도별 전입·전출 인구수를 집계하기 시작한 시점은 1970년부터이다. 이때부터 1·2·3·4·5·6차 경제개발5개년계획과 신경제5개년계획이 끝나는 1997년까지 '전출지, 전입지, 시도별 이동자 수'를 분석한 결과[7]에 따르면, 28년간 호남(광주, 전남, 전북)에서 수도권과 영남권 등

사진 3. 1980년대까지 호남인들이 제주도로 향했던 진도 벽파항구 현재 모습[8]

7) 강덕균(2020), 『산업화·민주화 시대, 우리는 주역(主役)이었다.』, 로뎀나무, pp.29-32를 부분적으로 수정·보완하였음.

8) 해남, 진도 등 전남 서남해안 주민들이 1984년 진도대교가 개통되기 이전까지 제주도로 가기 위해 배를 탔던 진도 벽파항구는 당시 하루 두 차례 목포에서 출발한 제주행 배가 들렀는데 배마다 40~

타 지역으로 이동한 순 이동(전출-전입) 인구수는 356만 9,823명(광주·전남 194만 5,179명, 전북 162만 4,644명)에 달한 것으로 나타났다. 이 수치는 호남(광주, 전남, 전북) 내 순 이동자 수를 제외한 호남 이외 지역으로의 순 이동자 수치이다.

이와 같은 순 이동 인구수는 2021년 말 현재 광주광역시와 전라남도 인구를 합한 인구수인 333만 4,000명(광주 146만 2,000명, 전남 187만 2,000명)을 20만 명 이상 상회한 수치이다. 호남에서 한 해 평균 12만 7,000명 정도가 전국으로 이동한 셈이다. 2021년 말 나주시 인구(11만 6,000명)보다 1만 명 정도 더 많은 호남인들이 매년 타 지역으로 이동한 것이라고 할 수 있다.

이들 이동인구 수는 서울로 217만 4,665명(광주·전남 116만 9,113명, 전북 100만 5,552명), 경기도로 72만 2,736명(광주·전남 41만 8,068명, 전북 30만 4,668명), 인천(1981년 광역시 이후 순 이동자)으로 11만 2,772명(광주·전남 7만 1,726명, 전북 4만 1,046명)이 각각 이동하여 전체의 84.3%인 301만 173명이 수도권으로 이동한 것으로 나타났다. 다음 <그림 1>은 한국의 경제개발과정에서 호남인구의 절대다수가 수도권으로 이동했다는 증거를 그대로 보여주고 있다.

50명이 이곳에서 배를 탔다고 주민들은 전했다.

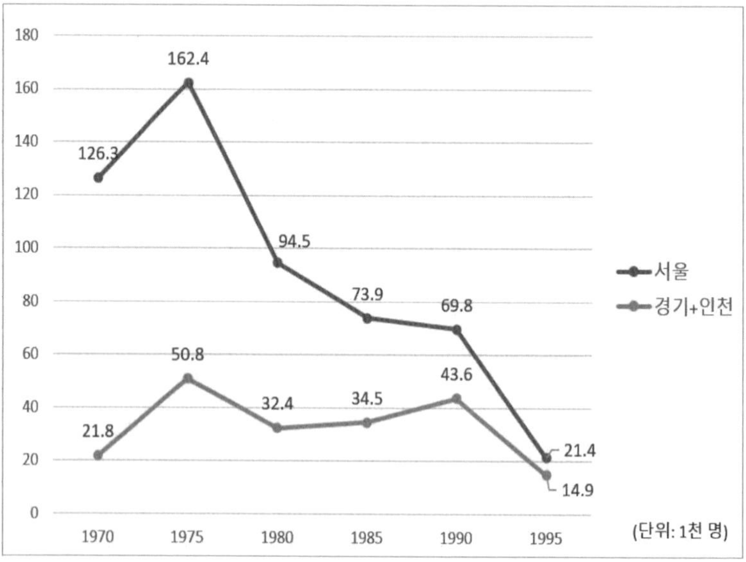

그림 1. 호남인구의 수도권 유출현황

호남인들의 수도권 순 이동이 80%를 훨씬 상회할 만큼 큰 비중을 차지한 것은 경제개발5개년계획을 통한 한국의 경제발전이 주로 서울, 경기, 인천 등 수도권에서 이루어짐에 따라 호남인들이 이곳으로 이동했기 때문이다. 특히 상기 <그림 1>을 통해 호남인들의 수도권 이동 시기별 분포를 보면, 경제개발5개년계획 초기에는 주로 서울로 집중적으로 이동했다가 점차 경기도가 개발되면서 경기도 쪽으로 꾸준히 이동했음을 보여주고 있다. 또한, 동 기간 부산지역으로 이동한 호남인은 전체의 7.8%인 27만 6,960명(광주·전남 18만 1,874명, 전북 9만 5,086명)으로, 한 해 평균 9,891명이 부산지역으로 순 이동한 것으로 나타났다.

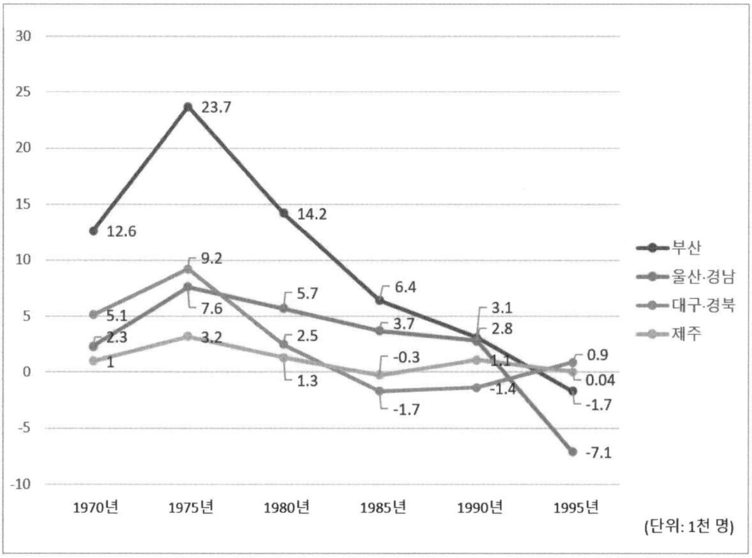

그림 2. 호남인구 수도권 이외 지역 유출현황

위의 <그림 2>에서 살펴본 바와 같이 수도권 이외 지역으로 호남인의 인구이동 역시 한국 산업화과정과 밀접한 관련이 있는 것으로 나타났다. 부산으로의 인구이동은 부산 신발산업의 중흥기인 1970년~1980년대 주로 발생한 것으로 나타났다. 1975년 2만 3,000명, 1980년 1만 4,000명 등 1970년대 후반부터 1980년대 초반까지를 정점으로 점차 부산으로의 인구이동은 감소추세로 돌아섰다. 경북으로 이동한 호남인의 경우도 포항제철과 구미 전자산업단지가 개발되던 시기인 1975년대 한해 최고 9,200명까지 증가했으나 이후 감소하다 1980년대 들어서는 오히려 호남으로 순 이동이 더 많은 것으로 나타났다. 경남지역으로의 유출도 울산 중화학공업 단지가 개발되고 마산 자유무역

지대가 개발되면서 1975년 7,600명을 최고로 점차 감소했지만, 꾸준히 순 이동자 수를 보였다. 제주도로의 이동은 밀감밭이 조성되던 1970년대와 1980년대 초반에 이루어졌으며 1975년 한 해 3,200명 정도의 호남인구가 이동한 것으로 나타났고 이후 감소추세로 돌아섰다.

이상에서 살펴본 것과 같이 1970년부터 1997년까지 28년간 통계청의 통계에 따른 호남인구의 타 지역 순 이동은 356만 9,000명에 달한 것으로 나타났다. 그러나 이 수치를 호남인구의 타 지역 순 이동으로 판단하기는 어렵다. 이 수치에는 호남인들이 새 삶을 찾아 서울로 이동하기 시작한 1950년대 중반부터 1969년까지의 인구이동 통계가 누락되어 있고, 1997년 이후 호남인구 이동통계는 제외되었기 때문이다. 실제 호남 출신들의 타 지역 이동인구는 훨씬 많았을 것으로 추정된다. 더구나 경제개발 초기에 대부분의 호남 출신 이동자들이 주소는 고향 호남에 두고 실제 생활은 타 지역에서 생활했던 점 등을 고려하면 같은 기간 실제 고향을 떠난 호남 출신 인구수는 예상을 훨씬 초월할 것으로 짐작된다. 여기에 해외로 진출했던 호남인들을 고려하면, 호남인구의 타 지역 순 이동자 수는 더욱 증가했을 것으로 생각된다.

재경광주전남향우회 관계자들이 재경 광주 및 전남 각 시군향우회를 통해 2018년 기준 전국의 호남 출신 향우 수를 추정한 숫자는 1,200만 명에 달했다. 여기에는 타 지역 이동 후 태어난 가족을 포함한 수치이다. 서울, 경기 등 수도권에 광주·전남 출신 500만 명, 전북 출신 300만 명이 거주하고 있고, 부산 등 기타지역에 광주·전남·전북 출신이 400만 명 정도 거주하고 있는 것으로 추정하고 있다.

표 5. 경기도 31개 시군 거주 출향 호남인 (단위 : 만 명)[9]

경기도	인구	호남 향우	점유율	경기도	인구	호남 향우	점유율
수원시	124.3	31.0	25%	안성시	19.4	1.3	7%
용인시	103.5	27.0	26%	의왕시	15.5	4.5	28%
성남시	97.8	39.0	40%	여주시	11.5	1.7	15%
부천시	87.3	29.7	34%	양평군	11.8	3.5	30%
안산시	71.8	30.2	42%	과천시	5.7	2.0	35%
화성시	77.1	13.1	17%	고양시	105.6	38.5	37%
안양시	58.9	17.1	29%	남양주시	68.5	28.0	41%
평택시	51.3	8.0	16%	의정부시	44.7	13.4	30%
시흥시	47.0	16.5	36%	파주시	45.5	15.0	33%
김포시	42.9	12.9	30%	양주시	22.1	7.5	34%
광명시	33.6	13.0	39%	구리시	20.3	3.7	19%
광주시	37.0	12.2	33%	포천시	16.5	4.5	27%
군포시	28.6	8.0	28%	동두천시	10.0	3.0	30%
이천시	22.2	5.6	25%	가평군	6.4	1.4	22%
오산시	22.8	6.8	30%	연천군	4.6	1.2	27%
하남시	24.5	6.1	25%	계	1338.7	405.4	33%

9) 2018년 7월 기준으로 경기도 31개 시군 각 향우회장이 추정한 결과이다.

또한 위의 <표 5>에 제시한 바와 같이 경기도 호남향우회총연합회 소속 경기도 내 31개 시군 각 향우회가 추정한 경기도 내 호남 출신 향우 수는 약 405만 명에 달했다.[10] 이 수치는 재경광주전남향우회가 수도권(서울, 경기, 인천) 전체 호남 출신 향우를 추정한 인구인 800만 명의 절반 정도 수준이어서 양 기관의 향우 수 추정이 유사하게 나타나고 있음을 보여주고 있다.

이상과 같이 호남인들은 한국의 경제개발 시기에 새 삶을 찾아 타 지역으로 대규모로 이동했다. 생계를 위해 타 지역에 이주한 호남인들은 고향을 떠나온 서러움을 달래며 서로 의지하기 위해 각 지역 호남향우회, 광주전남향우회, 전북도민회 등을 조직하여 친목을 다지고 상부상조 활동을 본격적으로 전개했다.

2. 출향 호남인 기업가의 대표적인 인물

한국의 경제개발 시기에 출향 호남인들은 현지에서 기술을 배우거나 소자본을 마련하여 창업의 길로 들어섰다. 한국의 경제개발 초기에는 무작정 상경한 호남인들이 많았고 정부의 정책적인 지원도 받기 어려웠으므로 대부분 소규모 영세자영업을 창업하는 '맨손 창업'에 도전하였다. 이들은 숱한 시행착오를 거치면서 창업가로 성공하여 자리를 잡기도 하였지만, 사업 실패로 도시 빈민으로 전락하는 호남인들도 허다했다.

---

10) 앞의 책, 강덕균(2020), p.57.

사진 4. 재경광주전남향우회 매년 고향 방문 행사

그러나 호남 출신 기업가 중에는 부도와 실패의 경험을 겪었지만, 창업과정에서 거래처와 신뢰(신용)를 구축하여 재도전을 통해 성장 가도를 달리는 경우도 많았다. 인적·사회적 네트워크가 약했던 호남 출신 기업가들은 정부 지원을 받는 대규모 경제 산업의 참여기회를 얻지 못했기 때문에 본인의 부단한 노력을 통해 기술을 확보하거나 거래처와의 신뢰를 구축하며 성장해 나갔다.

사진 5. 제9회 재경광주전남향우회 회장배 골프대회

해외에서 창업의 길을 걸었던 출향 호남인 기업가는 초기에는 주로 외항선을 타고 해외로 진출하여 현지 시장의 틈새시장에서 창업하였다. 그러나 본격적인 해외 창업은 1989년 '해외여행자 유화조치' 이후 주로 대기업 주재원이나 상사원으로 진출한 뒤 해외 현지에 정착하여 창업하는 경우가 많았다.

이러한 과정을 거쳐 현지에서 창업한 뒤 기업을 성공적으로 정착시키고 안정적인 성장을 거듭하고 있는 광주와 전남 출신 국내 호남인 기업가는 다음 <표 6>에 제시한 기업가 외에도 상당수 존재한다.

이들 가운데 주목할만한 출향 호남인 기업가 1세대로는 김재철 동원그룹 회장(강진 출신)과 신용호 전 대한교육보험 회장(영암 출신)을 비롯해 작고한 김향수 전 아남반도체 회장(강진 출신)과 양재봉 전 대신그룹 회장(나주 출신) 등이 있다. 또한, 우호현 SM그룹 회장(고흥 출신), 이중근 부영그룹 회장(순천 출신), 박순석 신안그룹 회장, 박성철 신원그룹 회장(이상 신안 출신) 등이 제1세대 출향 호남인 기업가로 분류되며 대부분 현재까지도 왕성한 경제활동을 전개하고 있다. 이들 출향 호남인 기업가는 국내에서 대기업을 일군 인물들로서 한국의 경제발전에 크게 이바지했기 때문에 출향 호남인 기업가로서 높은 평가를 받을 만하다.

이상에서 언급한 제1세대 출향 호남인 기업가는 국내에서 대기업을 일군 인물들로 한국의 경제발전에 크게 이바지했기 때문에 출향 호남인 기업가로서 높이 평가받을 만하다. 그렇지만 이들 제1세대 호남 출신 기업가를 본 논문의 사례분석 대상으로 선정하지 않은 이유는 고령에다 현실적으로 직접 인터뷰하는데 어려움이 따랐기 때문이다.

그러나 사업적으로 성공한 대부분의 호남 출신 기업가들은 향우회에 가입하여, 서로 물적·정신적으로 도움을 주면서 함께 나누고 고향발전을 위한 활동을 전개했다. 그 밖에도 성공적인 창업과정을 거쳐 중견기업으로 성장한 출향 호남인 기업가가 한국을 비롯한 해외에도 상당히 많다는 점을 밝혀둔다.

표 6. 출향 호남인 기업가의 대표적인 인물과 기업[11)]

창업가	기업	업종	출신지	비고
강병원	정경금속	금속가공	영암	
강태헌	이너비트	IT산업	군산	
고석구	신우엔지니어링	오폐수처리	군산	
권혁빈	스마일게이트홀딩스	게임산업	전주	
구영배	G마켓	유통, 판매	구례	
김남기	(주)케이디텍	산업기계·기계설비	전북	
김영철	(주)인창디앤씨	부동산개발	익산	
김재경	인탑스	스마트폰케이스 제조	전북	

11) 이 표는 연구자가 재경 23개 광주와 전남 시군향우회를 대상으로 취재하여 2014년 5월~11월 전남일보에 26차례에 걸쳐 보도한 '호남인맥'의 내용 가운데 주요 출향 호남인 기업가만을 발췌하여 작성하였다. 또한, 전북 출신 호남인 기업가는 전북일보 발행 '전북 연감(2018)'에서 주요 인물을 발췌하여 작성하였다.

창업가	기업	업종	출신지	비고
김홍국	하림그룹	식품	익산	
김 철	피앤텔	통신기기	고흥	
김광철	금강	물류	담양	
김기수	뉴아트공무사	광고	나주	
김동호	일륜산업	진공포장 용기	담양	
김명현	경우전기	전기 전자	함평	
김범수	다음카카오	IT, 통신	담양	
김병호	협진기계	식료품 자동화 기계	진도	
김봉수	신진종합건설	건설, 기계	광양	
김서곤	솔고바이오메티칼	의료기기	화순	
김승남	조은시스템	보안	화순	
김영도	하남산업	제조, 가공	광주	
김영춘	서해종합건설	건설, 기계	영광	
김용복	영동농장	농업	강진	
김용선	우성산업	알루미늄제조	장성	
김윤중	삼원기업	레미콘·아스콘	순천	
김은영	D&Y건설	건설, 기계	함평	
김재운	동영콜드프라자	수산물 냉동	강진	
김재철	동원그룹	제조, 유통	강진	
김재춘	제포실업	유통업	광양	
김정도	신덕약품	판매, 유통	진도	
김정열	진화섬유	제조, 유통	강진	
김정전	대화UPC	인쇄업	장흥	
김종규	삼성출판사	인쇄, 출판	무안	

창업가	기업	업종	출신지	비고
김진일	해우GLS	물류	신안	
김진학	이원	식품 프랜차이즈	진도	
김향수	아남반도체	전자	강진	작고
김현철	MDS테크놀로지	IT, 개발	영광	
김형진	온세텔레콤	통신 판매	장흥	
김홍구	에니파크	게임산업	구례	
나경열	팔방건설	건설, 기계	나주	
나민규	대호	청과물 도매	나주	
문상주	비타에듀교육그룹	교육, 판매	영광	
문주남	대동산업	요업	장흥	
문주현	MDM	금융	장흥	
문창섭	삼덕통상	신발산업	보성	
박기석	시공테크	건설, 유통	순천	
박기주	KD POWER	통신장비	전북	
박동석	산일전기	전기, 전자	진도	
박래문	람세스물류	물류, 유통	광양	
박부일	라스포	스포츠용품	신안	
박상용	미래해운	해운, 물류	영광	
박상환	하나투어	관광, 판매	곡성	
박성철	신원그룹	제조, 건설	신안	
박수관	YC TEC	신발산업	여수	
박순석	신안그룹	유통, 판매	신안	
박신광	한미그룹	제조, 유통	신안	
박영서	젬스	제약업	구례	

창업가	기업	업종	출신지	비고
박주봉	대주KC그룹	철강업	장흥	
박창길	일지산업	달력	해남	
박춘구	에듀박스	제조, 유통	영광	
박현주	미래에셋	금융	광주	
박형문	녹십초그룹	제조, 유통	구례	
백명식	금성펌프모터	제조, 유통	광양	
서병륜	로지스올	물류	광양	
서학령	한라수산	양식업	신안	
서한옥	세진무역	무역, 판매	무안	작고
손천수	라온레저개발	개발, 유통	구례	
송공석	와토스토리아	양변기	고흥	
송삼석	모나미	문구산업	완주	작고
신용호	대한교육보험	유통, 판매	영암	
안영국	밀레니엄영우	제조, 유통	장흥	
안방수	(주)니코보코	의류산업	남원	
양정무	랭스필드	골프용품	전북	
양강용	인터그룹	스포츠용품	완도	
양규남	세천년에너지	물류, 유통	함평	
양도호	태화우레탄	제조, 판매	담양	
양재봉	대신그룹	금융	나주	작고
양준호	호정물산	무역	곡성	
양진석	삼창기업	환경	나주	
여승구	화봉문구	제조, 판매, 유통	담양	
오명준	신영인쇄	인쇄, 출판	장흥	

창업가	기업	업종	출신지	비고
오순기	해광요업	법랑유약	순천	
우경선	신안건설산업	건설, 기계	신안	
우오현	SM그룹	제조, 유통	고흥	
유성민	에코에너지자원(주)		전북	
유인수	(주)인스코비	바이오·스마트그리드	전주	
유영희	유도실업	산업용 로봇	담양	
유재필	유진그룹	제조, 유통	영암	
윤재준	선도소프트	GIS산업	강진	
윤형두	범우사	인쇄출판	여수	
윤홍근	제네시스(BBQ)	유통, 판매	여수	
이경철	(주)대도금속	금속재료	전북	
이금재	(주)다담솔루션	건식온돌	순창	
이길여	가천길재단	의료, 교육, 언론	옥구	
이동희	오리엔트조선	선박 수리	강진	
이상준	신한건영	건설, 기계	여수	
이은석	아시아인더스트리	제조, 판매	장흥	
이은성	대한영농투자조합	유통, 판매	담양	
이재철	석창건설	건설, 기계	나주	
이종열	관전종합건설	건설, 기계	곡성	
이중근	부영그룹	건설, 유통	순천	
이홍기	골드라인	물류	광주	
이훈동	조선내화	제조, 판매	해남	작고
임철수	서호산업		정읍	
장일석	융창저축은행	금융	장수	

창업가	기업	업종	출신지	비고
장세풍	한국로스트왁스	항공기 엔진 부품	담양	
전은수	(주)자광	부동산개발	전북	
전상원	(주)로봇앤모어	로봇산업	전북	
전종환	엑티브인터내쇼날(주)	금융	전북	
정광훈	J.M텔레콤	유통, 판매	나주	
정광훈	성인제약	제조, 유통	영광	
정석현	수산중공업	건설기계	전북	
정춘보	신영그룹	부동산개발	광양	
조봉한	이쿠엘키(주)	교육	전북	
조세규	(주)태진	프린터·복사기 부품	전북	
조시영	(주)대창	금속가공	군산	
조창섭	영신물산(주)	섬유업	전북	
조윤기	동명건설	건설, 기계	곡성	
최병석	서울금속	제조, 판매	나주	
최준명	요진건설	건설, 기계	영광	
최진림	동아금속	제조, 판매	순천	
허진규	일진그룹	소재·부품산업	부안	
허성환	엘이씨코리아	전기	진도	
한영대	BYC그룹	의류업	정읍	작고
홍성수	풍창건설	건설, 기계	영광	
홍일래	대신전자기술	전자, 전기	보성	

제4장
5·18 광주민주화운동과 세계호남향우회총연합회 연대활동

CHAPTER 4

5·18 광주민주화운동과 세계호남향우회 총연합회 연대활동

제1절 호남인의 결속과 세계호남향우회

전 세계적으로 재외동포 수는 2020년 12월 기준으로 약 732만 명(7,325,143명)으로, 외국국적 동포(시민권자) 4,813,622명, 재외국민 2,511,521명으로 나타났다. 이 장은 글로벌 코리안 가운데 호남 출신 해외이주자들을 중심으로 살펴보고자 한다. 한국의 경제개발 시기에 타지를 향해 국내로 이동한 호남인들의 수를 정확히 파악하기는 어렵다. 그러나 통계청이 1970년부터 시·도 및 시·군·구별 순 이동자 수(전출-전입) 통계를 발표하기 시작하면서 대략의 순 이동자 수 추이를 파악할 수 있게 되었다. 이에 따르면, 1970년부터 경제개발5개년계획이 끝난 1997년(신경제 5개년 계획 종료 시점)까지 호남인의 순 이동자 수(전출-전입)는 약 360만 명에 달했다. 서울·경기도·인천 등 수도권이

80% 이상을 차지했고, 부산·경남·경북지역으로 순 이동자 수도 상당수에 달했다. 호남인들은 국내뿐만 아니라 해외로도 진출하기 시작했다. 초기에는 주로 외항선을 타고 외국에 정착한 뒤 사업에 도전했지만 1989년 한국의 '해외여행자유화조치' 이후에는 해외 주재원이나 상사원으로 진출한 뒤 현지에 정착하여 사업영역을 확대했다. 이들은 초기 창업 자본이 약했기 때문에 맨주먹 창업을 통해 갖은 역경을 이겨내고 성공한 이후에는 모국과 현지 한인사회를 위해 봉사했다.

2020년 기준으로 전 세계 24개국에 약 60개 정도 결성된 호남향우회 총연합체인 '세계호남향우회총연합회'는 730만 명의 재외동포 가운데 200만 명으로 추정되는 해외 거주 호남향우회를 대표하는 단체이다. 총연합회는 2015년부터 매년 10월 4일을 '세계호남인의 날'로 지정하였다. 같은 해 서울에서 첫 기념행사를 개최한 뒤 매년 약 400여 명의 해외 거주 호남향우들이 참석한 가운데 광주, 전남, 전북을 순회하며 고향 방문 행사를 개최해 오고 있다. 해외 거주 호남 향우들은 2021년 세계 50여개 지역 한인회가 주최하는 5·18 광주민주화운동 기념행사가 잘 치러지도록 지원하는 역할을 통해 5·18의 글로벌화에도 공헌했다. 이들은 또한 2019년 북한 쌀 성금 보내기운동을 전개하였으며, 이를 통해 모금한 1억 1,870만 원을 '민족화해협력범국민협의회(민화협)'에 전달하기도 했다.

그러면 왜 이렇게까지 해외 거주 호남인들이 결속하게 되었는가에 주목할 필요가 있다. 1980년대까지만 해도 미주지역 호남향우회 활동은 민주화운동의 일환이었다. 당시 전두환 정권을 규탄하는 미주지역 민주화운동은 호남향우회를 중심으로 전개되었다. 그러나 1998년 김대중 대통령이 취임한 이후 미주지역 호남향우회 활동은 대폭 축소되었다. 김대중 대통령 당선이라는 정서가 그동안 미주지역 호남향우회가 주최해왔던 5·18 광주민주화운동 기념식을 크게 위축시켰다. 그리고 김대중과 노무현 정부 10년이 끝나고 이명박 정부로 정권이 교체되면서 5·18 광주민주화운동 기념식은 오히려 역차별 받았다. 가령 '임을 위한 행진곡'의 제창금지 등을 통해 호남인들이 자극받아 거주지역의 한인회나 한인 단체를 기념식 주최로 세우고 5·18 민주화운동 기념일이 국가기념일이라는 근거로 해외공관 영사의 참석을 독려했다. 이렇게 이명박 정권과 박근혜 정권 때 시작된 5·18 기념식 부활 운동과 '임을 위한 행진곡'의 제창은 아이로니컬하게도 세계호남향우회의 결속력을 공고히 해주는 역할을 담당했다. 이 장의 목적은 '임을 위한 행진곡'의 제창·합창이 좌우 대립의 문제를 초월하여 그것이 어떻게 피해와 차별의식의 잠재 속에 있는 해외 거주 세계호남향우인의 결속에 영향을 미쳤는지를 검토하는 데 있다.

제2절 마이너리티 반발성 이론과 네트워크 이론

일찍이 베네딕트 앤더슨(Benedict Anderson, 1983)은 '상상의

공동체'라는 책에서 민족공동체 형성의 기원에 대해 다음과 같이 설명하고 있다.1) 그는 민족공동체의 기원을 두 가지로 설명했는데, 하나는 근대사회 이전부터 사람을 하나로 연결하는 어떤 문화체계가 있었다는 것이다. 가령 이러한 것에는 종교공동체나 왕조 국가와 같은 것들이 있다. 그러나 근대적 개념의 공동체 인식이 확대되면서 공동체의 힘이 약화되었고, 이에 따라 절대 왕정국가가 붕괴하면서 민족이 탄생했다고 가정하고 있다. 또 하나는, 인쇄자본주의의 발달에 의한 것으로 앤더슨은 사람들이 새로운 방식으로 자신에 대해 생각하고 타인과 연결해 준 것을 인쇄물(책 혹은 신문 등)이라고 생각했다. 이러한 인쇄물이 언어를 매개로 발간되어 독자층을 형성하고 민족의 경계를 결정하는 중요한 역할을 하게 되었다는 것이다. 최근에는 카톡과 SNS 등에 의한 정보의 보급과 전파로 지역 안에서 발생한 사건을 공유하고 그 과정에서 지역공동체 내의 소속감을 느끼게 한다. 특히 최근 SNS와 카톡의 발달은 거리나 국적, 신분에 상관없이 초국적으로 24시간 소통이 가능한 유용한 도구가 되었다. 앤더슨이 말하는 상상의 공동체 개념에서도 같은 지역, 같은 문화, 같은 역사의 공유는 언어와 인쇄자본, 최근의 SNS 등에 의해 끊임없이 공유되고 교육받아 온 역사적 산물의 결과라는 것이다.

한편 글로벌 호남향우회 활동에 대하여 마이너리티(Minority)

---

1) Benedict Anderson(1983), 『*Imagined Community: reflections on the origin and spread of nationalism*』 London: Verso, pp.6-7.

의 경제활동을 설명하는 에스닉 엔클레이브 이론(Ethnic Enclave Theory)[2)]과 반발성 이론(Reaction Theory)[3)]을 적용하여 설명할 수 있다. 에스닉 엔클레이브 이론은 마이너리티가 기술 습득, 자금조달, 제조(소비)활동 등의 경제활동을 자신들이 주거하는 거주지 내에서 해결하는 것을 의미한다. 반발성 이론은 이주자들이 머조리티(Majority)의 차별에 의해 사회의 주변부로 전락했다는 것으로 생각하고 자신들의 핸디캡을 발판으로 공동체 내 동료로부터 지원을 요청하며 사회적 지위 향상을 도모하는 것을 말한다.[4)] 해외 호남향우회의 활동은 이러한 반발성 이론과 공동체의 결속력에 따른 것으로 분석할 수 있다.

해외 거주 호남인들이 마음에서 마음으로 전달되는 호남인의 정서와 정신에 대해 폴 디마지오(DiMaggio, 1990)는 이를 사회적 인지 혹은 암묵적 인지로 설명하고 있다.[5)] 즉, 인간의 인지구

2) Waldinger, Roger(1989),「Structural Opportunity or Ethnic Advantage? Immigrant Business Development in New York」『International Population Migration Review』23(1), pp.48-72.

3) Light, Ivan H.(1972)『Ethnic Enterprise in America: Business and Welfare-Among chinese, Japanese and blacks』, Berkeley CA: University of California press.

4) 李洙任編著(2012)『在日コリアンの経済活動ー移住労働者, 起業家の過去·現在·未来』不二出版、pp.142-143

5) DiMaggio, Paul(1990),「Cultural Aspects of Economic Action and Organization」『In Beyond the Marketplace』edited by R. Friedland and A. F. Robertson. Aldine de Gruyter, p.130.

조는 새로운 정보를 해석하기 위한 인지구조라는 것이며 사회적 인지는 어떤 인지가 특정 집단의 내부에 공유되는 것을 의미한다. 어느 집단의 문화는 공유된 인지로부터 형성되기 때문이다. 구체적으로 문화는 신념, 태도, 관념, 규범, 가치 등 우리들이 의식하여 공유하고 있는 인지, 그리고 암묵적이고 자명한 것으로 우리들이 의식하지 않고 공유하고 있는 인지도 포함된다. 이상과 같이 문화는 의식되고 있는 표층레벨에서 무의식의 심층레벨까지 복수의 레벨에 의해 구성되고 표층레벨은 심층레벨에 의해 형성되기도 한다. 호남인들의 이러한 사회적 인지, 혹은 암묵적 인지로서 '광주민주화운동'은 호남인들을 하나의 문화로 엮는 역할을 했고 세계호남향우회 인터넷 신문, 호남인 월드 등이 창간되면서 본격화되었다.

호남향우회의 글로벌 활동에 대하여 포르테스(Portes, 1998)[6]와 그라노베타(Granovetter, 1973)[7]의 연구에 의하면 사회적 자본, 즉 네트워크로 설명할 수 있다. 사회적 자본이란 행위자가 네트워크에서 차지하는 위치, 사회적 관계성, 구조적 특성에 의해 관계를 형성하는 행위자끼리 공동으로 소유하는 것을 말한다. 행위자가 관계를 끊으면 네트워크로 발생하는 사회적 자본도 자연적으로 소멸된다. 이들은 사회적 자본이 폐쇄적이고 밀도가 높은

---

6) Portes, Alejandro(1998), "Social Capital: Its Origins and Applications in Modern Sociology." *Annual Review of Sociology 24*, pp.1-24.

7) Granovetter, Mark(1973), "The Strength of Weak Ties." *American Journal of Sociology 78*, pp.1360-1380.

'강한 연대(Strong Ties)'와 개방적이며 밀도가 낮은 '약한 연대(Weak Ties)'로 설명하고 있다. '약한 연대'의 특징은 느슨한 관계를 통해 관계가 없는 다른 사람과의 가교역할을 할 수 있다. 즉 약한 연대는 폐쇄적인 강한 연대에서는 입수할 수 없는 정보, 기회, 자원의 접근이 가능하고 새로운 자원을 탐색하여 획득하는데 유리하다. 따라서 세계호남향우회총연합회(이하 호남인향우회로 통일)가 지향하는 3무 정책은 그라노베타(Granovetter, 1973)의 '약한 연대(느슨한 연대)'의 효과로 규정할 수 있을 것이다.

제3절 5·18 광주민주화운동과 글로벌 호남인의 연대활동

1. 세계호남향우회의 정서와 결성과정

흔히 한국에서 호남향우회는 고려대 교우회나 해병대전우회와 마찬가지로 결속력이 강한 단체로 알려져 있다. 세계 어느 도시를 가나 모임이 결성되어 있고 결속력도 강하다. 이 때문에 세계 주요 도시 혹은 한국인들이 거주하는 곳이면 반드시 호남향우회가 조직되어 있다. 이 때문에 전 세계 어딜 가나 호남향우회의 활동은 매우 활발히 전개되고 있다.[8)]

호남향우회의 역사는 매우 깊다. 과거 19세기 말까지 거슬러

8) 정광일(2017)『카톡 총장 정광일 거시기 보고서』, 도서출판 정인, pp.32-33.

올라갈 것도 없이 1970년대 파독 광부와 간호사로 독일로 이주하여 재외한인사회를 형성한 호남향우회의 역사만 보아도 알 수 있다. 세계호남향우회는 2017년 8월 기준으로 전 세계 45개 도시에 조직되어 있고 매년 증가하고 있다.

호남향우회는 2010년 전후 시작한 '세계호남인 하나되기 운동'부터 본격적으로 모임이 결성되어 현재 각 나라 주요 도시에 호남향우회들이 지역 간 혹은 국가 간 향우회를 결속시키고 있다. 매년 10월 4일은 '세계호남인의 날'로 정하여 세계호남향우회 대표들이 호남 고향에서 만나는 세계호남향우회 대표자 대회를 진행해 오고 있다.

2017년 '세계호남인의 날' 기념대회는 10월 1일~3일 전북 전주, 광주 등 고향 방문 일정으로 진행되었다. '하나이니 하나로'라는 구호로 세계호남향우회 대표자들이 고향에서 만난 이번 대회는 약 300명 정도가 참가하였다. 다음 <표 7>에 제시한 바와 같이 2013년 10월 60명, 2014년 90명, 2015년 120, 2016년 180명, 2017년 300명 정도가 참여하여 매년 참가 규모도 커지고 전 세계에서 호남향우회 모임 결성도 증가하고 있다.

표 7. 세계호남향우회 대표자 고향 방문 참여 현황[9]

연도	2013년	2014년	2015년	2016년	2017년
참가자 수	60명	90명	120명	180명	300명

9) 정광일(2017), p.33 내용을 바탕으로 연구자 작성.

이러한 호남인의 정신과 결속력에 대하여 정광일 사무총장은 호남인들의 마음과 마음으로 통하는 것을 한마디로 '거시기'로 표현하였다. 사실 '거시기'는 전라도인들이 무심코 가장 즐겨 쓰는 말이기도 하다. 모순적이지만 확실한 뜻을 갖지 않으면서 서로가 뜻을 가장 정확히 주고받을 수 있는 말이 '거시기'이다. '거시기'는 분명히 어정쩡한 말인데도 상호 주고받는 당사자들끼리는 서로 정확하게 뜻을 주고받을 수 있는 것이 '거시기'의 색다른 묘미이다. 이것은 사회적 인지와 암묵적 동의와도 관련성이 깊다. 전라도인에 있어서 '거시기'는 좀 모호한 말이기는 하지만, 마음에서 마음으로 직접 통하는 암묵적인 힘을 가진 전라도인의 말이라 할 수 있다. 그리고 거기에는 호남인의 정서, 호남의 정신이 함축되어 있다.

일찍이 폴 디마지오(DiMaggio, 1990)는 그의 연구에서 이러한 현상을 사회적 인지 혹은 암묵적 인지라고 표현한 바 있다.[10)] 즉, 인간의 인지구조는 새로운 정보를 해석하기 위한 구조이다. 사회적 인지는 어떤 인지가 특정 집단의 내부에 공유되는 것을 의미한다. 어느 집단의 문화는 공유된 인지로부터 형성되기 때문이다. 구체적으로 문화는 신념, 태도, 관념, 규범, 가치 등 우리들이 의식하여 공유하고 있는 인지, 그리고 우리들이 의식하지 않고 공유하고 있는 암묵적 인지가 포함된다. 이상과 같이 문

---

10) DiMaggio, Paul(1990), 「Cultural Aspects of Economic Action and Organization」『In Beyond the Marketplace』 edited by R. Friedland and A. F. Robertson. Aldine de Gruyter, p.130.

화는 의식되고 있는 표층레벨에서 무의식의 심층레벨까지 복수의 레벨에 의해 구성되고 표층레벨은 심층레벨에 의해 형성된다고 한다. 호남인들의 사회적 인지, 혹은 암묵적 인지인 '거시기'라는 용어는 호남인들을 하나의 문화로 묶는 역할을 했고 세계호남향우회 인터넷 신문, 호남인 월드 등이 창간되면서 본격화되었다.

세계호남향우회총연합회의 또 다른 문화는 2013년 창립총회에서 3무 정책을 선언한 것에 있다. 구체적으로 3무는 회칙, 회비, 회장 선거가 없다는 의미이다. 첫째, 많은 단체들이 회장 선거로 분열되는 사례가 있기 때문에 '회장을 추대로 선출한다.'라는 것이다. 둘째, 단체가 회비 제도를 두고 기금이 적립되면 돈 때문에 분열될 우려가 있기 때문에 '회비로 기금을 적립하지 않는다.'는 것이다. 대신에 행사 때마다 필요한 재원을 확보해서 충당하고 단일성 행사로 끝낸다는 것이다. 셋째, 단체들 대부분이 회칙을 제대로 지키지 못하는 현실적인 문제가 있으므로 호남인들은 상식에 따라 단체를 운영하며 '조직 임원 구성을 명문화한 회칙이 없다.'라는 것이다. 이상과 같이 회칙, 회비, 선거가 없는 세계호남향우회총연합회는 지금까지 잘 운영되어왔으며 포스트코로나 이후 새로운 전환기를 준비하고 있다.

2. 세계호남향우회 연대의식과 소속감의 형성

그러면 호남향우회는 해외 다양한 국가에 거주하는 회원들을 대상으로 어떻게 연대 의식을 형성할 수 있었는지에 대해 살펴보고자 한다. 세계호남인이 하나 되기 위해서 벌이고 있는 운동은 매년 5월에 해외 5·18 광주민주화운동 기념식 개최, 매년 6월에 서울 김대중 평화 마라톤대회 개최, 매년 8월에 김대중 대통령 추도식 개최 등이다. 5·18 광주민주화운동 기념식은 2013년부터 해외 주요 도시에서 개최해오고 있다. 해당 지역 현지 한인회가 주최하고 총영사관 등 공관 영사들의 자유로운 참여를 권고하고 있다. 이 행사는 초기 5·18에 대한 국내외 편향된 인식을 개선하기 위해 시작되었다. 서울 여의도 한강공원에서 펼쳐지고 있는 김대중 평화 마라톤대회 역시 세계호남인들이 국내에서 갖는 행사로 취지는 김대중 대통령을 추모하고 정신을 계승한다는 의미가 있지만, 남북화해협력을 다짐하는 '햇볕정책' 계승 마라톤대회이기도 하다.

이상과 같이 세계호남향우회 연대운동은 단순한 호남인의 친목 활동 그 이상이라 할 수 있다. 어찌 보면 애향애국운동이자 민족통일운동이라 할 수 있지만 애향애국운동의 성격이 더 강하다고 볼 수 있다. 그 이유는 세계호남향우회의 역사적 형성과정에서 찾을 수 있다. 미국을 중심으로 1980년대 조직화 된 세계호남향우회는 1980년 5월 광주민주화운동이 만들어 낸 역사적 산물이다. 이것은 세계호남향우회가 영남향우회나 제주향우회 혹은 충청향우회와 다른 특징이라 할 수 있다.

3. ‘임을 위한 행진곡’ 제창·합창의 논쟁과 기억의 결집

‘임을 위한 행진곡’은 5·18 광주민주화운동의 상징적인 노래로 2000년대 전후로 약 10년간 제창·합창의 논란으로 논쟁의 불씨가 되어 왔다. 1981년 당시 진혼곡으로 작곡된 ‘임을 위한 행진곡’은 1987년 6월 항쟁을 통해 전국적으로 확산되었고 1990년 민족음악연구회가 예술의 전당 무대에 올렸다. 1991년에는 ‘노래를 찾는 사람들’이 3집 음반으로 발매하여 전국 순회공연이 이루어졌고 박근혜 정부 때에는 탄핵을 촉구하는 노래로 부활하기도 했다.[11] 1997년 5월 18일 광주민주화운동이 공식기념일로 제정된 이후 ‘임을 위한 행진곡’은 국가 의례와 행사의 기념식 식순에 정식으로 포함되기 시작했다. 그리고 5·18 광주민주화운동 기념행사에는 반드시 ‘임을 위한 행진곡’이 제창 형식으로 불리게 되었다. 노무현 전 대통령은 임기 내 5년간 5·18 광주민주화운동 기념식에 참석하여 ‘임을 위한 행진곡’을 제창했고 이명박 전 대통령은 2008년 취임 직후인 5·18 광주민주화운동 기념식 자리에서 잠깐 따라 불렀으며 박근혜 전 대통령은 2013년 기념식에 참석하였으나 노래는 부르지 않고 듣기만 하였다. 2017년 취임한 문재인 전 대통령은 ‘임을 위한 행진곡’을 기념곡으로 지정하였다. 또한, 2020년 11월에는 정치적인 악용

---

11) 배묘정(2020), 「노래 부르기의 정치학: <임을 위한 행진곡의 제창·합창 논란에 대한 수행적 관점의 분석>」『서강인문논총』59집, p.220.

을 막고 제창의 법적 근거를 마련하기 위한 법안을 발의하였다. 이처럼 '임을 위한 행진곡'은 보수와 진보 진영으로 나뉘어 갈등을 표출하는 양상을 보여왔다.12)

국가보훈처는 2009년 '임을 위한 행진곡'의 제창을 합창으로 바꾸었다. 합창이란 기념식 합창단이 노래를 부르면 부르고 싶은 사람은 따라 불러도 된다는 것이 보훈처의 입장이었다. 이를 통해 좌우 진영의 제창·합창 논란은 가열되었다. 제창은 여러 사람이 동일한 선율을 함께 부르는 방식을 통해 소리를 일치시키는 노래부르기이다. 노래를 함께 부름으로써 개인들이 상호 친밀성을 느끼고 동일한 공동체임을 확인하는 의미를 지니고 있다. 진보 진영에서는 애국가를 대체하는 의례곡으로 "임을 위한 행진곡'을 5·18 광주민주화운동 기념곡으로 지정하기 위한 결의안을 제출하였다. 보수진영에서는 대한민국 헌법적 가치와 국가 정체성을 훼손하는 혁명가'라고 하여 '임을 위한 행진곡'의 기념곡 지정 저지 범국민 대책본부를 조직하였다. '임을 위한 행진곡'은 2009년 제창금지로 바뀌었고, 2017년 문재인 정부 출범으로 원상태로 돌아갔지만, 노래를 둘러싼 진영 간의 갈등은 여전히 불씨를 안고 있다.13)

---

12) 배묘정(2020), 「노래 부르기의 정치학: <임을 위한 행진곡의 제창·합창 논란에 대한 수행적 관점의 분석>」 『서강인문논총』 59집, pp.228-230.

13) 배묘정(2020), 「노래 부르기의 정치학: <임을 위한 행진곡의 제창·합창 논란에 대한 수행적 관점의 분석>」 『서강인문논총』 59집,

표 8. '임을 위한 행진곡'을 둘러싼 제창·합창의 논쟁[14)]

연도	주요 논쟁의 요점	비고
1997년 5월 18일	• 5월 18일 공식 기념일로 제정	
노무현 대통령 임기 5년간 (2003.02.25.~ 2008.02.24)	• '임을 위한 행진곡' 제창	
이명박 대통령 (2008.02.25.~ 2013.02.24)	• 2008년 취임 직후 기념식 자리에서 한 소절 따라 부름	
2009년 국가보훈처	• '임을 위한 행진곡' 제창에서 합창으로 전환	제창·합창 논쟁 가열
박근혜 대통령 (2013.02.25.~ 2017.03.10)	• 2013년 기념식 1회 참석, 노래는 따라 부르지 않음	
문재인 대통령 (2017.05.10.~ 2022.05.09)	• '임을 위한 행진곡' 기념곡 지정 착수 • 2020년 제창의 법적 근거 마련을 위한 법안 발의	갈등 진행 중

pp.231-232.

14) 논문의 내용을 바탕으로 연구자가 작성하였음.

4. 5·18 광주민주화운동과 세계호남인의 연대의식

전술한 바와 같이 호남향우회는 해병전우회, 고대교우회와 같이 단결력이 강하고 한국인이 사는 곳이면 전 세계 어느 곳이든 이들 단체가 존재한다는 3대 불가사의한 단체 중의 하나로 알려져 있다.

사실 1980년대까지만 해도 미주지역 호남향우회 활동은 미주지역 민주화운동의 일환이었다. 당시 전두환 정권을 규탄하는 미주지역 민주화운동은 호남향우회를 중심으로 전개되었다. 그러나 1998년 김대중 대통령이 취임한 이후 미주지역 호남향우회 활동은 대폭 축소되었다. 김대중 대통령 당선이 그동안 미주지역 호남향우회가 주최해왔던 5·18 광주민주화운동 기념식을 크게 위축시켰기 때문이다. 그리고 김대중과 노무현 정부 10년이 끝나고 이명박 정권으로 교체되면서 5·18 광주민주화운동 기념식은 좌우 논쟁의 중심에 서게 되었다. 가령 '임을 위한 행진곡'의 제창금지 등을 통해 호남인들이 자극받아 거주지역의 한인회나 한인 단체를 기념식 주최로 설득하고 5·18 광주민주화운동기념일이 국가기념일이라는 근거로 해외공관 영사의 참석을 독려하기도 했다. 이렇게 이명박과 박근혜 정권 때 시작된 5·18 광주민주화운동 기념식 부활 운동과 '임을 위한 행진곡'의 제창·합창 논란은 세계호남향우회의 결속력을 공고히 해주는 역할을 하였다. 세계호남인향우회들이 주축이 되어 시작된 5·18 광주민주화운동 기념식은 카톡으로 삽시간에 전 세계호남인들과 공유되었다. 2017년 문재인 정부가 출범하면서 5·18 광주민주화운동 기념식은 정상적으로 치러졌지만, 이제 다시 새로운 갈림길에 서 있다.

호남향우회의 출발은 2012년 12월 제18대 대통령선거를 계기로 재외국민 투표가 가능하게 되면서 민주당의 해외 선거전략으로 재외동포 정책과 조직을 담당하는 '세계한인민주회의'가 결성되면서 부터이다. 민주당 해외 선거조직에서 결속력이 강한 호남향우회는 조직화에 큰 힘을 발휘하였다. 하지만 민주당의 정권 교체의 실패로 세계호남향우회 활동은 친목과 사업정보 교류를 목적으로 세계호남인 인터넷 신문의 창간을 서두르게 되었다. 창간의 취지를 보면, "정치적 신념은 시대적 상황에 따라 달라질 수 있지만, 고향은 절대 바뀔 수 없다. 친목과 사업정보 교류가 중요하다."라는 사실로부터 '애향정신'이 배어 있다.

사실 호남향우회의 역사는 우리가 사는 2000년대 역사에 머물러 있지 않다. 최초는 1970년 독일 파견 산업 전사(광부, 간호사)로 독일로 이주한 손종원 회장이 1978년에 발족한 '호남향우회'가 존재한다. 미국은 1980년경에 호남향우회가 결성되었다.[15)] 독일 호남향우회의 역사는 1975년부터 전남향우회, 전북향우회를 조직하여 친목을 다지고 1978년 전남북향우회를 통합하여 '재독호남향우회'로 변경하였으며 벌써 44년이라는 세월이 흘렀다. 2015년에는 필리핀 호남향우회가 결성되어 회원 약 100명

15) 정광일(2017), p.162.

이 1개월에 한 번씩 만나 고향을 기리며 장학사업과 향우회 활동을 이어가고 있다.

5. '세계호남인의 날' 제정과 차세대 인재양성 장학사업

초기 세계호남향우회 결성에서 인터넷 신문 '호남인 월드'는 향우를 하나로 묶는 역할과 국가별 향우회 소식을 전달하는 창구역할을 담당했다. 그리고 2012년 민주당 대통령선거의 참패를 계기로 탄생한 인터넷 신문 호남인 월드는 2013년 10월 세계호남향우회 대표자 서울대회를 개최하였다. 매년 10월은 재외동포들이 한국에 가장 많이 방문하는 해로 세계한상대회, 월드옥타대회 등 대형 회의들이 개최되기 때문이다. 이때 해외 거주 호남인들도 가장 많이 고향을 찾았다. 이 시기에 맞춰 호남인 월드는 2013년 세계호남향우회 대표자 대회를 개최할 것을 결의했고 이것이 오늘날 세계호남향우회총연합회 탄생의 시발점이 되었다. 이 대회에서 단체 명칭을 '세계호남향우회총연합회'로 결의하고 전북 김제 출신 손지용 미주 서플라이 회장이 1대 회장으로 추대되었다. 그리고 세계호남향우회총연합회 창립식인 이날 회의에서 세계호남향우회총연합회는 3무 정책 단체로 출발하였다.

이러한 독특한 향우회의 운영방식으로 세계호남향우회 대표자 회의는 규모가 급속히 커지게 되었다. 초기 1박 2일 행사가 2박 3일 프로그램으로 진행되면서 진행 비용도 대폭 증가하였다. 이러한 가운데 당시 이낙연 전남도지사가 고향을 방문하는 호남향우회 행사를 재정적으로 지원하는 특별조례를 만들어 세계호남향우 고향 방문 행사를 간접 지원하였다. 나중에 전라북도에서도 특별조례를 제정하여 지원하였다. 그리고 세계호남향우회총연합회가 주최하는 '세계호남인의 날' 기념대회 및 세계호남향우 고향 방문행사를 호남권 광역단체가 후원할 수 있는 조례제정과 행사장소를 전남, 전북, 광주광역시를 순회하는 방안을 논의하였다. 또한, 2013년 10월에는 세계호남향우회 대표자 서울대회 명칭을 2015년 행사에서 '세계호남인의 날 기념대회'로 변경하였다.

2015년에는 미주총연회장이 매년 10월 4일을 '세계호남인의 날'로 정하자고 제안하여 추인되었다. 2015년부터 매년 10월 4일 전후로 세계호남향우회 대표자들이 고향에서 기념행사와 고향 방문 행사를 개최하게 되었다. 그리고 2016년 세계호남인의 날 기념대회는 10월 4일 목포와 여수 등 전남권에서 개최하였으며 세계 17개국 43개 지역에서 호남향우회 지도부 200명이 참석하여 호남발전을 위해 힘을 모았다. 당시 세계호남인의 날 기념행사로 명칭이 바뀌면서 '자랑스러운 세계호남인 상'도 제정되었다. 해외 호남향우회발전에 기여한 향우회 회원들에게 주어지는 상으로 일본 양동준, 미국 LA 차종환, 미국 애틀랜타 정용선, 미국 뉴욕 손지용, 중국 대련 김원봉, 필리핀 마닐라 이동수, 유럽 네덜란드 김다현 회장 등이 선정되었다.

세계호남향우회총연합회는 2017년부터 광주, 전남, 전북의 42

개 시군구 학생 42명에게 매년 장학금 100만 원을 지급하는 장학위원회 운영안을 여수 경도에서 확정하였다. 그리고 세계호남향우회총연합회는 2017년 세계호남인의 날 기념대회에서 산하에 장학위원회를 두고 48명이 5,000만 원의 장학금을 마련하여 50명의 학생에게 각 100만 원을 전달하였다.

이러한 사회적 행위에 대하여 포르테스(Portes, 1998)[16]와 그라노베타(Granovetter, 1973)[17]는 사회적 자본, 즉 네트워크로 설명하고 있다. 사회적 자본이란 행위자가 네트워크에서 차지하는 위치, 사회적 관계성, 구조적 특성으로 관계를 형성하는 행위자끼리 협동으로 소유하는 것을 의미하며 행위자가 관계를 끊으면 네트워크로 생기는 사회적 자본도 소멸하는 것으로 보았다. 이들은 사회적 자본을 폐쇄적이고 밀도가 높은 '강한 연대'와 개방적이며 밀도가 낮은 '약한 연대'로 설명하고 있다. '약한 연대'의 특징은 느슨한 관계를 통해 관계가 없는 다른 사람과의 가교 역할이 가능하다. 즉 약한 연대는 폐쇄적인 강한 연대에서 입수할 수 없는 정보, 기회, 자원의 접근이 가능하고 새로운 자원을 탐색하고 획득하는 데 유리한 조건을 재공해 준다.

따라서 세계호남향우회총연합회(이하 호남인향우회로 통일)가 지향하는 3무 정책은 '약한 연대(느슨한 연대)'의 효과로 규

---

16) Portes, Alejandro(1998), "Social Capital: Its Origins and Applications in Modern Sociology." *Annual Review of Sociology 24*, pp.1-24.

17) Granovetter, Mark(1973), "The Strength of Weak Ties." *American Journal of Sociology 78*, pp.1360-1380.

정할 수 있다. 호남인향우회는 각 지역향우회의 느슨한 연대로 1년에 한 번 대표자들이 고향에서 만나는 연례행사를 통해 장학위원회를 결성하고 단체 카톡방에서 고향 사랑기부 이벤트를 실시하고 있다. 자신이 출생한 고향 학생들에게 1년에 100만 원의 장학금을 주는 책임 장학 위원을 모집한다는 카톡 공고를 통해 24시간 이내에 순식간에 장학금 모집을 마감하고 있다. 장학금 모금을 위한 운영방침이 전혀 없는 것은 아니지만, 1인 1구좌 1지역 규정을 내걸고 어디까지나 카톡을 통해 자유로운 참여를 독려하고 있다. 이 사업은 향후 고향 학생들의 해외 견학이나 해외 고향 출신 2세들의 고향 방문 사업으로 발전할 가능성이 매우 크다.

제4절 호남인 연대의식과 사회적 자본

이 장에서는 '임을 위한 행진곡'의 제창·합창이 대립과 갈등이라는 5·18 광주민주화운동 위기 속에서 피해와 차별의식이 잠재되어 있는 세계호남향우인의 결속에 어떤 영향을 미쳤는지 살펴보았다. 세계호남향우회의 5·18 광주민주화운동 위기와 결속의 이론적 배경은 베네딕트 앤더슨(Benedict Anderson, 1983)의 '상상의 공동체'론, 이반 라이트(Light Ivan, 1972)의 반발성 이론(Reaction Theory), 폴 디마지오(DiMaggio, 1990)의 호남인의 정서와 정신을 연결하는 사회적 인지 혹은 암묵적 인지, 포르테스(Portes, 1998)와 그라노베타(Granovetter, 1973)의 사회적 자본, 즉 광범위한 네트워크론으로 설명할 수 있을 것으로 생각된다. 연구 결과는 다음과 같다.

첫째, 한국의 산업화 시기에 호남인들은 고향을 떠나 타지로 향해야 했다. 1962년부터 본격적으로 시작된 정부의 산업화정책이 경부 축을 중심으로 한 불균형 성장모델을 적용함에 따라 초기 경제개발에서 소외지역으로 전락했다. 1970년부터 사실상의 경제개발5개년계획이 끝난 1997년까지 부산·경남·경북지역으로 순 이동자 수도 상당수에 달해 이산과 차별을 경험했다.

둘째, 호남인의 남다른 결속력의 바탕은 집단 내부에 공유하고 있는 사회적 인지와 신념, 태도, 관념, 규범, 가치 등 암묵적 인지는 '거시기'라는 말처럼 오랜 역사 속에서 마음에서 마음으로 통하는 호남인의 정서와 호남의 정신이 함축된 것으로 설명될 수 있다.

셋째, 세계호남향우회는 '애향애국 호남향우회'를 기치로 고향을 사랑하는 자, 나라를 사랑할 수 있다는 구호 아래 동일한 역사적 경험과 문화를 공유한 호남인의 역사적 산물이자 1980년 5월 광주민주화운동이 잉태한 지역공동체 운동이라 할 수 있다. 이것은 신문이나 각종 매체, 혹은 카톡과 SNS 등 정보통신기술의 발달로 한 지역의 정보 전파가 급속히 전 세계적으로 공유되는 것이 가능해지고 그 과정에서 지역공동체 내 소속감이 급속히 확산할 수 있게 되었다.

넷째, '임을 위한 행진곡'은 5·18 광주민주화운동의 상징적인 노래로 김대중과 노무현 정부 10년 이후 제창·합창의 논란으로 논쟁의 불씨가 되어 왔다. 이 노래는 보수와 진보 진영으로 나뉘어 정권이 바뀔 때마다 갈등이 표출되는 양상을 보였으며 그 피해와 차별의식은 항상 해외 거주 호남인을 긴장시키고 결속시키는 역할을 해왔다.

다섯째, 세계호남향우회의 출발은 2012년 12월 제18대 대통령선거를 계기로 재외국민 투표가 가능하게 되면서 민주당의 해외 선거전략으로 재외동포 정책과 조직을 담당하는 세계한인민주회의가 결성되었고 민주당 해외 선거조직에서 결속력이 강한 호남향우회는 조직화에 큰 힘을 발휘하게 된 계기가 되었다. 그리고 무엇보다도 5월에 해외 5·18 광주민주화운동 기념식 개최, 매년 8월에 김대중 대통령 추도식 개최 등으로 결속이 구체화되었다.

여섯째, 세계호남인향우회가 지향하는 3무 정책은 사회적 자본과 네트워크 효과라는 '약한 연대(느슨한 연대)'의 효과로 호남인들이 글로벌 연대와 협력을 강화할 수 있었고 지방자치단체의 특별조례제정을 통한 지원과 차세대 인재 양성 지향으로 지속이 가능한 모국방문 프로그램의 가능성을 보여준 것으로 생각된다.

제5장

국내 출향 호남인 기업가의 창업이노베이션과 기업가정신 사례

제1절 국내 출향 호남인 기업가

1. 오순기 (주)해광요업 회장
2. 김윤중 (주)삼원기업 회장
3. 박형문 녹십초그룹 회장
4. 이종덕 (주)금호화성 회장
5. 서한옥 세진무역 회장
6. 김용복 영동농장 명예회장

제2절 국내 출향 호남인 기업가의 창업 이노베이션과 기업가정신

1. 창업이노베이션
2. 기업가 정신

CHAPTER 5

국내 출향 호남인 기업가의 창업이노베이션과 기업가정신 사례

이 장에서는 국내 출향 호남인 기업가의 창업이노베이션과 기업가정신에 관한 사례를 분석하고 이들이 한국의 경제발전에 어떻게 기여했는지에 대하여 살펴보고자 한다. 국내 출향 호남인 기업가의 창업동기는 한국의 경제성장에 따라 예상되는 수요를 예상하고 사업에 뛰어들었다. 국내 출향 호남인 기업가는 창업과정에서 공통으로 틈새시장을 공략하여 창업을 선택하였다. 이는 출향 호남인 기업가가 모두 현지 사회에서 사회적 약자의 처지에 있었기 때문에 현지 기존기업들의 틈새시장을 개척할 수밖에 없었던 상황을 고려한 결과로 생각된다.

기업가의 창업이노베이션 내용을 살펴보면, 단일업종을 통해 사업에 성공을 거둔 출향 호남인 기업가는 업종의 성격에 따라 파괴적 혁신이나 구조적 공백의 연결 가운데 한 가지의 혁신방법을 적용하여 성장하지만, 타 업종으로 사업을 확대한 경우는 두 가지 혁신방법을 모두 동원하여 성장한 것으로 나타났다. 기업가정신의 내용을 보면, 국내 출향 호남인 기업가 모두 혁신성, 진취성, 위험 감수성을 모두 충족시키면서 기업가로 성장했고, 기업성공을 거둔 후에는 모두 사회적 책임성을 다하는 특성을 보여주었다.

제1절 국내 출향 호남인 기업가

01.

오순기 (주)해광요업 회장1)

사진 6. 인천광역시 남동구 (주)해광요업 오순기 회장(오른쪽)

오순기 (주)해광요업 회장은 1936년 전남 순천시 해룡면에서 태어나 해룡남초등학교를 졸업한 후 순천사범학교에 입학하여 수학하던 중 가정형편이 어려워 2학년을 마치고 중퇴했다.

1) 연구자가 직접 인터뷰해 보도한 내용(전남일보 2012년 11월 1일자 7면 전일 초대석)을 종합해 발간한 강덕균(2014), 『광주·전남 출신 47인 인생스토리 전라도人』, 전남일보사, pp.255-264의 내용을 수정·보완하였다.

1958년 서울로 상경한 오순기 회장은 그해 서울에 있는 조선 경질초자공업(주)에 입사하면서 법랑업을 접했다. 한국의 제2차 경제개발5개년계획 기간인 1971년 도농유리공업사를 설립하여 독자적인 기술개발에 매진했다. 1989년 법인으로 전환하고 주식회사 해광요업을 설립하여 대표이사에 취임했다. 그는 평생을 법랑산업에 종사하면서 한국에서 독보적인 법랑유약회사를 일으켜 세웠다.

가. 창업동기

오순기 회장은 고향에서 무작정 상경한 이후 마땅한 직장을 찾지 못하고 아이스케키(지금의 아이스크림) 통을 메고 장사를 하던 중, 우연히 서울 후암동 한 유리공장을 지나가다 이 공장에서 일할 수 있도록 해달라고 요청하여 유리공장에 첫발을 내디뎠다. 오순기 회장은 거기서 '법랑(琺瑯)'이라는 물질을 처음 접했다. 당시 일본에서는 법랑산업이 상당히 발달해 있었다. 한국도 경제가 발전하게 되면 법랑을 이용한 각종 제품의 수요가 증가할 것으로 예상했다. 당시 국내 법랑유약의 수준은 매우 낮아, 대부분 일본을 통해 수입해서 사용하던 때였다. 이 기술을 개발한다면 성장 가능성이 매우 크다고 판단했다. 미래 가능성을 확인한 그는 이 분야에 적극적으로 뛰어들었다.

나. 창업이노베이션

한국 산업화 초기인 1971년 도농유리공업사를 설립한 오순기 회장은 법랑유약의 고급화가 절실하다는 것을 현장에서 깨달았다. 오순기 회장은 법랑산업으로 성공하기 위해서는 "유약을 고급화해야겠다."라는 각오를 다졌다. 그러면서 그는 각종 자료를 참고하여 독자적인 유약개발에 나섰다. 법랑유약과 관련된 곳이라면 어디든지 달려갔다. 거래기업으로부터 정보를 얻는 것은 물론이고 서울대, 연세대, 한양대 등 관련 전문 교수가 있는 곳이면 직접 찾아가 조언을 구했다. 또한, 기술력을 갖춘 일본기업이 도산하게 되면 해당 기업 기술자를 국내로 초청하여 기술개발에 매진했다.

이런 노력의 결과, 해광요업은 독자적인 기술력을 확보했다. 더 나아가 유약을 사용하는 방법의 변화도 선도했다. 초기에 사용했던 습식유약을 뛰어넘어 건식방법인 분체 유약을 독자적으로 개발했다. 이와 같은 방법을 통해 해광요업은 한국에서 유일하게 분체 유약을 생산하는 회사로 성장했다. 오순기 회장은 "현재 외국기업들도 해광요업 분체 유약의 품질을 인정하고 있다."라고 했다. 또한, "삼성 등 국내 대기업들이 모두 해광요업 제품을 사용하고 있다."라고 했다.

오순기 회장은 기술개발을 통해 얻은 법랑유약을 한국산업에 접목하여 법랑수요 물량도 급격히 증가했다. 법랑을 사용하는 제품도 식기, 냄비 등에서 전자레인지, 가스레인지 등 연소제품으로까지 확장하면서 성장 가도를 달렸다. 해광요업은 현재 국내에 유일한 법랑유약생산회사로서 독보적인 위치를 차지하고 있다. 자체 연구소를 설립하여 끊임없이 신기술과 신제품 개발에 주력한 것이 주효했다. 또한, 국내 대부분의 법랑제품 생산 공장들이 해광요업에서 생산하는 유약을 원료로 사용하고 있다.

사진 7. 인천광역시 남동구 남동공단 내에 있는 (주)해광요업 본사 전경

사진 8. 태국 현지법인 해광 타일랜드 공장 전경

다. 기업가정신

오순기 회장은 "나는 오직 이 분야를 완성해야겠다는 일념뿐이었다. 이 분야는 내가 꼭 이뤄내야겠다는 각오로 일해 왔다." 라고 했다. 그러면서 그는 "기술개발비로 얼마가 소요되더라도, 최종 생산된 제품값이 개발비의 1/10수준에 머물더라도 투자했다. 이 법랑유약만큼은 개발해야겠다는 각오였다. 내가 개발하

지 않았다면 외국에서 법랑유약을 수입할 수밖에 없었고, 결국 외국자본의 지배를 받았을 것이다. 그런 의미에서 우리 회사의 존재가치가 크다고 생각한다."라고 했다. 기업가로서 오순기 회장의 기술개발을 향한 각오가 대단했음을 보여주는 대목이다. 그가 없었다면 한국 법랑산업은 이미 외국기업에게 지배당했을 것으로 짐작된다. 이처럼 우리나라가 오늘날 법랑산업에서 선진기술을 확보하면서 성장할 수 있었던 것은 기술개발을 해내려는 오 회장의 의지가 강했기 때문이다. 또한, 한국의 법랑산업이 외국의 기술 지배를 받지 않고 유지되고 있는 것도 그의 노력 결과라고 할 수 있다. 해광요업은 생산량의 70%를 수출하고 있다. 또한, 인천에 제2공장을 운영하고 있다. 2006년 설립한 태국 시라차 현지법인인 해광 타일랜드도 가동 중이다. 현지에서 300명의 직원을 채용함으로써 태국 현지 지역발전에도 크게 기여하고 있다.

오순기 회장의 성공비결에는 '신용'을 중요한 덕목으로 생각하고 실천한 기업가정신에서도 나타난다. 1979년 제1차 석유파동으로 인해 당시 업계 1위를 달렸던 잉꼬법랑을 비롯한 국내 수많은 법랑업체들이 부도로 도산했고 해광요업도 당시 부도의 위기를 맞았지만, 그가 쌓아온 그동안의 '신용'을 바탕으로 폐업위기를 극복하고 오히려 전화위복의 계기가 되었다. '기업은 신용을 먹고 산다.'라는 사업 철학을 지켰던 것이 그가 다시 일어서는 데 결정적 역할을 했다.

사진 9. 재경광주전남향우회로부터 감사패를 받고 있는 오순기 회장(맨 왼쪽)

오순기 회장은 사업 성공의 결실을 수도권에 자리 잡은 향우들과도 함께 나눴다. 재경해룡면향우회장, 재경순천향우회 고문, 재경광주전남향우회 상임자문위원으로 활동하면서 향우회에 재정적 뒷받침을 했고 고향발전을 위해 장학금이나 발전기금을 기부하는 등 향우와 고향발전에 크게 기여했다.

오순기 회장은 "어디를 가든 고향을 속여 본 적이 없다. 남에게 꿇릴 것이 없으니 고향을 지키기 위해 소신껏 살아왔다. '해광(海光)'이라는 회사명도 고향 바다를 생각하며 해(海)라는 글자를 맨 앞에 넣었다."라고 했다. '호남 출신에 대한 푸대접'이라는 전반적인 사회 분위기 속에서도 떳떳이 고향을 밝히고 향우들을 도왔다. 비록 본인의 노력으로 성공의 길을 걸었다고 할지라도 성공 이후에는 고향과 향우를 연결하고 지원하는, 호남 출신 기업가의 큰 특징 중의 하나를 실천에 옮긴 것으로 생각된다.

02.

김윤중 (주)삼원기업 회장[2)]

사진 10. 전주대학교 대학원에서 경제학 박사학위를 수여한 김윤중 회장

김윤중 삼원기업(주) 회장은 1942년 전남 순천에서 태어나 순천중고등학교를 졸업하고 국학대학(현재 고려대로 통합)을 졸업했다. 김윤중 회장은 서강대, 고려대, 숭실대 대학원을 거쳐 전주대 대학원 경제학 박사학위를 받은 학구파이기도 하다. 김윤중 회장은 1963년 해병대 학사 장교로 입대하여 5년 6개월간의 복무를 마치고 대위로 전역한 뒤 사업을 시작했다. 김윤중 회장은 레미콘·아스콘산업에 뛰어들어 성공 가도를 달리며 이 분야에서 일가(一家)를 이뤘다.

---

2) 연구자가 직접 인터뷰해 보도한 내용(전남일보 2013년 8월 8일자 7면 전일 초대석)을 종합해 발간한 강덕균(2014), 『광주·전남 출신 47인 인생스토리 전라도人』, 전남일보사, pp.75~84의 내용을 수정·보완하였다.

가. 창업동기

해병대에서 보급 참모실 보좌관 시절 보급 물품의 수급 업무를 처리하면서 처음으로 자금의 흐름을 터득한 김윤중 회장은 1968년 지인의 소개로 주로 콘크리트블록을 취급하는 삼원기업 감사로 입사하면서 이 분야에서 한평생 몸담는 계기가 되었다. 그가 이 분야에 뛰어들게 된 동기는 1960년대 들어 한국이 경제개발5개년계획을 도입하면서 본격적인 개발붐이 일어날 것이라는 기대감도 있었다. 김윤중 회장은 결혼 축의금으로 들어온 70만 원을 밑천으로 본격적으로 사업을 시작했다.

나. 창업이노베이션

당시 제조업을 창업하게 되면 사업자금을 마련하는 것이 가장 중요한 일이었다. 재무구조가 취약하다 보니 은행에서 대출받는 것이 절실했기 때문이다. 이와 같은 어려움을 해소하기 위한 방안은 재고를 줄여 원활한 현금흐름을 확보하는 것이었다. 그가 몸담았던 콘크리트블록, 벽돌 생산 분야는 제품을 만들어 쌓아놓고 판매하는 방식이었다. 이 때문에 재고자산이 많아 자금회전이 제대로 이루어지지 않았다. 이에 따라 은행 대출을 받지 못하면 이 분야 기업 거의 대부분이 부도 위기를 맞는 상황이었다.

김윤중 회장은 재고 자산을 해소하는 데 생각을 집중했고 결국 재고를 줄이고 자금회전이 빠른 분야를 선택해야겠다고 생각했다. 이 점에 착안한 김윤중 회장은 같은 분야이기는 하지만 원활한 자금회전을 확보할 수 있는 레미콘과 아스콘 사업을 선택하였다. 사업체를 어디에 둘 것인가도 중요했다. 서울에서 대학을 다니기는 했지만, 사업 기반이 약했고 고향만큼 현지 사정을 잘 알지 못했다. 그래서 선택한 것이 고향에 생산 공장을 설립하는 것이었다. 사업자금이 어느 정도 모이자 그는 고향 쪽에 투자하기 시작했다. 그리고 1974년 삼원콘크리트공업(주) 곡성공장을 창업하여 대표이사를 맡았다. 이어 구례 레미콘공장, 순천 레미콘공장을 설립했고 광양, 여수, 해남 등에도 공장을 설립했다. 이렇게 사업체가 늘어나면서 전남지역 8곳에 레미콘과 아스콘 사업체를 운영하였다.

이 과정에서 그는 두 차례의 사업 실패를 경험했다. 자금회전이 빠른 분야라고 판단하여 사업에 뛰어들었지만 결국 필요자금을 적시에 마련하지 못해 1975년과 1981년에 두 번 부도를 겪어야 했다. 그러면서 그는 신용을 확보하는 것이 사업에서 얼마나 중요한가를 깨닫게 되었다. 당시 대부분 기업가는 사업자금이 풍족하지 못한 상태였기 때문에 거래에서의 '신용'은 무엇보다 중요했다.

김윤중 회장은 일련의 과정을 통해 이후 사업을 진행하는 데 큰 경험을 얻었다고 했다. "두 차례의 부도 위기는 나에게 큰 경험이 되었다. 부도를 극복하는 과정에서 사업가로서 많이 다져졌다. 신용을 어떻게 확보하고 신뢰를 어떻게 가져오는 것이 기업을 지키는 길인가, 무신불립(無信不立)의 의미를 터득하는 귀한 경험이었다."라고 했다.

그는 이후 레미콘이나 아스콘산업의 경우 협동 사업이기 때문에 상호 공생하는 노력이 중요하다고 판단하여 1994년부터 협동조합설립에 관심을 가지고 참여했고, 2001년에는 전남동부레미콘사업협동조합 이사장에 취임했다. 2004년에는 한국레미콘공업협동조합연합회 이사를 역임했다. 또한, 산학협동의 중요성을 인식하고 여러 대학에서 강의하기도 했으며 경영정보학회 등 관련 학회에도 참가했다. 이를 통해 축적된 자료를 바탕으로 『기업경영의 이해』(2007)이라는 책을 발간했다. 관련 지식과 정보의 확보, 산학협력 등의 부단한 노력은 그가 이 분야에서 안정적인 성공을 담보하는 초석이 됐고, 이는 결국 성공 가도를 달리는 디딤돌이 되었다.

다. 기업가정신

김윤중 회장은 바쁜 사업 중에도 배움의 끈을 놓지 않고 학업에 매진했다. 서강대, 고려대, 숭실대 대학원에 진학했으며, 1993년에는 전주대 대학원 무역학과에서 경제학 박사학위를 받았다. 이후에도 서울지역 각 대학 최고경영자과정 등 다양한 전문과정을 이수하며 새로운 지식정보를 끊임없이 습득했다.

김윤중 회장은 "지금까지 등록금만 매년 600~700만 원 정도 들어갔고 관련 비용으로 대략 20억 원 정도 들어갔다. 버는 돈의 20%는 배움에 투자했다. 공부를 계속해왔기 때문에 새로운 아이템을 찾고 사업을 계속해서 이어가지 않았나 생각한다."라고 했다. 또한 서울과 지방의 각 대학에 강의도 나갔으며 대림대학교에 겸임교수로 출강한 뒤 15년 만에 전임교수가 되기도 했다.

사진 11. 재경광주전남향우회 회장 취임식에서 회기를 흔들고 있는 김윤중 회장

김윤중 회장은 "어떤 경우에도 주인이 되어야 진리가 바로 선다는 '수처작주 입처개진(隨處作主 立處皆眞)'이라는 뜻을 항상 새겨왔다."라면서 "어떤 것이 주도적인 삶인가를 찾아 창업에 매진해왔다."라고 했다. 또한, 그는 "'원인이 있어야 합당한 결과가 있다(因果應報).', '세상에 공짜는 없다(天下莫無料)', '옛것을 본받아 새로운 것을 창조한다(法古創新).', '혁신지향, 고객 창출' 등이 내가 사업에 도전하는 정신이었다."라며 "요즘 자주 쓰는 '창조경제'라는 것도 내가 말하는 혁신지향과 다르지 않다. 모두 새 길을 찾기 위한 노력이었다. 이런 곳에서 블루오션을 찾지 못하면 살아남을 제조업이 하나도 없다고 항상 생각하고 있다."라고 했다.

김윤중 회장은 사업적 기반이 안정궤도에 오르면서 재경순천향우회장, 재경순천중고등총동창회장, 재경광주전남향우회장 등을 역임했으며 서울에 거주하는 향우들을 지원하는 등 기업가로서의 성과물을 고향 사람들과 나누었다.

김윤중 회장은 1992년 석탑산업훈장(품질 관련), 2011년과 2012년 대한민국 건설환경기술상을 수상하는 등 다수의 수상 경력을 가지고 있다. 또한, 민주평통 상임위원, 사회통합위원회 위원 등으로 활동하며 국가발전에 기여했다. 김윤중 회장은 사회복지공동모금회가 1억 이상 기부자에게 부여하는 아너소사이어티 순천시 제8호 회원으로도 2018년에 등록했다. 여기서 그치지 않고 2014년 학업성적 우수자 및 생활이 어려운 저소득층, 장애인 등 소외계층을 돕기 위해 (재)석천장학문화재단을 설립하여 매년 3명을 추천받아 장학금을 지급하고 있다.

사진 12. 2021년 4월 23일 구례군에서 석천장학금을 전달하고 있는 김윤중 회장(왼쪽). 사진 오른쪽은 김순호 구례군수

03.

박형문 녹십초그룹 회장[3)]

사진 13. 1997년 알로에 농장 계약을 위해 남아프리카공화국을 방문한 박형문 회장

박형문 녹십초그룹 회장은 1958년 전남 구례군 구례읍에서 4남 1녀의 넷째 아들로 태어나 구례 중·고를 거쳐 경희대 행정대학원을 졸업했다. 군 제대 직후인 1970년대 중반 맨주먹으로 상경한 그는 당시 생소했던 알로에의 효능을 확신하고 건강기능식품 개발에 뛰어든 지 40년 만에 녹십초 알로에, 녹십초 화장품, 녹십초 생활건강, 녹십초 의료기, 녹십초 요양병원, 더스킨하우스, 스페랑스, 쿨샤(전동칫솔), 녹십초 의료재단 등을 운영하면서 45가지 제품을 전 세계 34개국에 수출하고 있다.

한국에서 알로에를 거대 시장으로 만든 3인방 가운데 한 명이지만 지금까지 활동하고 있는 사람은 박형문 회장이 유일하다. 박형문 회장은 최근 전동칫솔이라는 새로운 영역을 개척하여 2018년 대한민국 발전공헌대상을 수상하였으며 지금은 또 다른 도약을 꿈꾸고 있다. 서울 지하철 석촌역사에 인접한 지하 2층 지상 9층의 송파사옥을 새로 건립하여 글로벌기업으로의 웅비를 준비하고 있다.

---

3) 연구자가 직접 인터뷰해 보도했던 전남일보 2018년 6월 25~29일자 18면 '나의 삶, 나의 도전'에서 내용을 수정·보완하였다.

가. 창업동기

학창 시절부터 사업 성공에 관심이 많았던 박형문 회장은 알로에로 어머니의 중풍을 치료하는 과정에서 사업 영감을 얻었다. 군 제대 이후인 1970년대 말 서울에서 직장 생활하던 시절, 사무실 앞 꽃 판매장에서 생잎을 수입하여 판매하는 알로에를 처음 접했다. 알로에가 중풍에 좋다는 얘기를 듣고 중풍을 앓고 있는 어머니를 위해 알로에를 구하여 매주 고향 구례를 찾았다. 교통 사정이 좋지 않던 시절, 완행열차를 타고 구례와 서울을 왕래했다. 두 달 만에 어머니가 말을 하게 됐고, 6개월 만에 의사소통을 할 수 있게 되었다. 박형문 회장은 그때 알로에의 효능을 확신했고 알로에에 인생을 걸었다. 때마침 꽃집 주인은 박형문에게 알로에 사업을 함께 할 것을 제안했다. 그는 다니던 직장에 사표를 던지고 한 달 뒤 본격적으로 알로에 사업에 뛰어들었다.

나. 창업이노베이션

박형문 회장은 창업단계에서부터 어려움을 극복해야 했다. 그는 알로에를 가공식품으로 제조·판매하기 위해 허가받는 과정에서부터 난관에 부딪혔다. 허가부처인 보사부(현 보건복지부)는 국내에 생소했던 알로에를 가공식품으로 허가해달라는 요청을 선뜻 받아주지 않았다. "알로에 효능이 그렇게 좋으면 제약회사에서 약으로 만들었지…."라면서 "식품이라는 근거를 가져오라."라고 하며 허가를 내주지 않았다. 그는 그때부터 6개월간 매주 목요일 보사부를 찾아 설득했고, 끈질긴 설득과 자료 제시 끝에 1985년 결국 허가를 받아냈다.

그는 창업 이후 10년 후면 건강식품에 대한 국민의 관심이 높아질 것이란 확신이 있었다고 했다. 박형문 회장이 녹십초알로에를 창업해 본격적으로 각종 제품을 생산한 시점은 서울올림픽이 열린 1988년부터이다. 이후 7～8년 만에 정상궤도에 오르면서 알로에 시장이 급속히 확대되었다. 다양한 알로에 관련 식품 개발에 매진하던 박형문 회장은 1990년대 중반 화장품 분야에 진출했다. 당시 하늘의 별 따기보다 어렵다던 GMP(식품 의약품의 안정성과 유효성을 품질 면에서 보증하는 제조 관리 기준)의 허가를 받아 본격적인 화장품 개발에 나섰다.

그의 도전과 실험정신은 화장품 분야에서도 나타났다. 2005년 아토피 피부염에 탁월한 효과를 내는 천연 아토피 물질 개발에 성공하여 세상을 깜짝 놀라게 했다. "7년간의 연구 투자 끝에 100% 천연 한방생약을 발효시켜 최첨단 나노공법으로 처리한 신물질 'NSC0080(0세에서 80세까지 건강을 지킨다는 의미로 명명)'을 개발하였다. 그 배경에는 아내를 대상으로 한 실험도 한몫했다. 서울 달동네 단칸방에서 살던 시절, 손빨래를 자주 했던 아내의 손이 아토피로 퉁퉁 부어 고름이 꽉 차 있는 것을 보고, 알로에를 복용하고, 경과를 지켜봤는데 좋은 결과를 얻었다. 그의 신물질 개발은 7년 동안 아내를 대상으로 연구한 결과라고 했다. 아내가 소위 마루타 역할을 했다고 했다."

화장품 사업에서 두각을 나타낸 박형문 회장은 2007년 한방병원 경영에도 착수하여 양방·한방 협진병원을 운영했다. 이 사

사진 14. 2005년 서울 무역센터 녹십초 알로에 전국대리점 연말 시상식에 참석한 박형문 회장(맨앞 테이블 중앙)

업은 이후 190병상을 갖춘 요양병원으로 전환하였다.

최근 박 회장이 가장 몰두하고 있는 사업이 전동칫솔 분야이다. 이 사업은 치아가 좋지 않아 평생 고생했던 아버지께서 돌아가시기 직전, "네가 할 수 있다면 치아가 좋지 않은 그런 분들을 위해 역할을 해줬으면 한다."라는 유언에서 비롯되었다고 했다.

그는 치과 전문의 등 이 분야의 전문가들과의 함께 연구에 몰두했다. 관련 국제특허를 세 번씩 바꿔가며 15년간의 노력 끝에 2017년 초 전동칫솔 신제품 '쿨샤'를 출시했다. 국내시장 점유율도 42%까지 끌어올렸다. 이른바 '조인성 칫솔(유명 연예인 조인성 광고 출연)'로 알려진 '쿨샤'는 이렇게 탄생했다.

다. 기업가정신

1990년대 중반 알로에가 건강식품으로서 확실한 뿌리를 내리면서 알로에 시장이 급속히 확대되자 대기업들이 알로에 사업에 뛰어들기 시작했다. 그러자 전국의 대리점들이 우려를 표명하며 크게 술렁였다. 그러나 박형문은 오히려 시장 규모가 커진다는 점에 주목했다. 그는 대리점장들에게 "대기업들은 많은 제품 가운데 하나 정도로 생각하지만 우리는 알로에만 취급하는 전문회사이기 때문에 더욱 좋은 제품으로 경쟁력을 높인다면 더 좋은 기회가 될 수 있다."라고 설득하여 결국 녹십초알로에를 지켜냈다.

또한, 1993년 출범한 인기 홈 쇼핑물이 건강식품으로 많은 매출을 올렸을 당시 녹십초에도 참여 제안이 왔지만 참여하지 않았다. 그는 "나를 믿고 대리점을 개설해 수많은 사람이 먹고살고 있는데, 나 혼자 돈 벌겠다고 홈쇼핑에 참여할 수는 없었다."라고 했다. 일시적으로 큰돈을 벌 기회는 놓쳤지만, 전국 각 대리점과 평생을 함께할 수 있는 신뢰를 얻었다고 했다. 이 같은 박형문 회장의 노력은 '신뢰'가 사업파트너에게 얼마나 중요한가를 다시 한번 확인해 주는 사례라고 할 수 있다.

다음과 같은 이야기도 그의 도전정신을 잘 보여주고 있다. 창업 초기, 한여름 사건으로 기억한다고 했다. 서울의 한 유명아파트 매점에서 구매한 알로에 액이 상했다며 큰 소동이 벌어졌다. 현장으로 달려간 박 회장은 알로에를 구매한 주부 앞에서 상자 속에 한 병을 꺼내 그 자리에서 마셔버렸다. '죽기야 하겠느냐'는 심정으로 마셨는데 다행히 이상이 없었다. 그러면서 그 주부에게 알로에는 무해 무독하므로 썩어도 문제가 없다. 냉장 보관 상태 문제일 뿐이라고 설명하자 태도가 완전히 바뀌면서 다른 한 상자로 대체해 갔다고 한다. 이것은 죽음도 두려워하지 않는 헝그리정신과 도전정신이 있었기에 가능한 일이었다.

박형문 회장의 기업가정신은 창업을 꿈꾸는 젊은 청년들에게 전하는 말에서도 잘 나타나고 있다. 그는 요즘 젊은 청년들은 우리보다 훨씬 유능하지만, 너무 빨리 용(龍)이 되려고 한다고 지적했다. “용이 알에서 어미가 되려면 30년은 되어야 한다. 요즘 젊은이들은 1~5년 안에 어미용이 되려고 한다. 너무 성급하다. 비행기는 뜨기 위해 고속으로 질주할 때는 잘 보이지 않는다. 하늘로 솟구칠 때 눈에 띄기 시작한다. 사업도 마찬가지다. 사업가가 일반인들의 눈에 띄어 돈 좀 벌었다 할 때까지는 상상할 수 없을 정도로 일한다. 이륙하기 전까지의 노력이 중요하다.”라고 했다.

박형문 회장은 누구나 성공을 위해서는 에디슨이 말한 ‘1%의 영감과 99%의 노력’이 중요하다고 덧붙였다. 특히 1%의 영감을

사진 15. 2016년 국회에서 대한민국행복나눔봉사 대상을 수상한 박형문 회장(왼쪽)

얻는 과정을 강조했다. 박형문 회장은 특별한 영감 없이 무작정 덤벼드는 것은 실패한다며 1%의 영감을 얻기 위해 수없이 많은 메모와 밤잠을 설치는 고민이 필요하다고 했다. 거기에 미치지 않으면 그러한 영감은 떠오르지 않는다고 했다.

박형문 회장은 본인이 직접 경험한 사업 성공을 바탕으로 최근 나눔 경영과 신바람 강연에 적극적으로 나서고 있다. 자신의 체험을 젊은 청년들에게 생동감 있게 전달하기 위한 계획도 세우고 있다. 지난 2016년 제3회 대한민국 행복나눔 봉사 대상을 받기도 한 박형문 회장은 20여 년 전부터 전국 녹십초 대리점과 함께 매출액의 1%를 모아 녹십초 나눔사랑후원회를 조성하여 전국 소년소녀가장들을 지원하고 있다. 또한, 그는 사회초년생들이 올바른 미래 삶의 방향을 설계할 수 있도록 하는 무료교육센터를 마련할 계획이다. 새로 건립한 송파사옥 지하에는 이를 위한 교육 공간을 마련하고 있다.

박형문 회장은 수도권에 자리 잡은 고향 출신 향우들의 모임인 향우회 활동도 적극적으로 지원하고 있다. 재경구례군향우회가 구례 출신 서울 유학생들을 위해 전국 최초로 서울에서 마련한 '구례학사' 운영에 지원을 아끼지 않고 있다. 2018년 말부터는 재경구례군향우회장을 맡아 향우 지원을 총지휘하고 있다.

그는 지난 2016년 대한민국 행복나눔 봉사 대상(대한민국 국회), 2017년 YTN마케팅혁신CEO 대상, 2018년 대한민국발전공헌대상 등을 수상하며 기업가로서 뿐만 아니라 국가경제발전에도 크게 기여하고 있다.

04.

이종덕 (주)금호화성 회장4)

사진 16. 금호 화성 공장 앞 직원들과 함께한 이종덕 회장(가운데)

이종덕 금호화성(주) 대표이사 회장은 해방 직후인 1946년 순천시 별량면 봉림리에서 5남매 중 장남으로 태어났다. 그는 선천적으로 1m 앞이 제대로 보이지 않는 낮은 시력을 가지고 태어나 사회생활에 많은 어려움을 겪었지만, 끝내 이를 극복하고 한국 폴리우레탄 폼(스펀지) 산업계에서 국내 7대 기업 가운데 하나인 금호화성(주)을 일궈냈다.

고향의 품 안에서 성장하던 소년 이종덕은 16세 되던 해부터 성공에 대한 꿈을 꾸기 시작했다. 그러던 19살 되던 1964년 2월, 설 직후 할아버지를 설득해 당시 1,000원을 받아 들고 서울로 향했다. 집안을 일으켜 세우기 위해 '성공'이라는 일념 하나만을 가슴에 새기며 순천에서 무궁화 열차를 타고 무작정 서울로 향했다. 아는 사람 하나 없는 서울은 그야말로 미지의 세계였다. 서울역에 도착한 이종덕은 수중의 돈이 바닥나자 일단 먹거리를 해결해야 했다. 숙식만 해결해주면 일할 수 있는 점포를 찾아다녔다. 23곳을 찾아 헤맨 끝에 어느 가게에서 점원 생활을 시작했다.

---

4) 연구자가 직접 인터뷰해 보도했던 전남일보 2020년 2월 2일~2월 6일자 18면 '나의 삶, 나의 도전'을 보완하여 재정리하였다.

가. 창업동기

첫 직장에서 3년 반 만에 떠나야 했던 그는 이를 악물고 업종을 가리지 않고 돈을 모으는 데 열중했다. 돈이 모이면 가게를 차렸고 실패하면 다시 돈을 벌어 점포를 열었다. 사업 경험이 없었고, 자본이 튼튼하지 못했던 그에게 실패는 반복됐다.

나이 24살(1970년) 되던 해, 또다시 사업자금이 모이자 그는 서울 충정로3가에 육류판매점을 시작했다. 그러나 인근에 정보기관의 사위를 둔 동종 판매업자의 횡포로 사업을 접어야 하는 경험도 했다. 힘없는 전라도 출신 젊은이는 부당한 권력 앞에 힘없이 쓰러져야 했다. 연이은 실패와 막강한 '뒤 빽'의 현실을 경험한 청년 이종덕에게 좌절이 찾아왔다. 26살 되던 여름, 극단적인 선택을 했으나 운이 좋았는지 다시 깨어났다. 그때 그는 제2의 인생을 살도록 허락한 데는 분명한 이유와 합당한 목적이 있을 것으로 생각했다. 장남이라는 책임감도 다시 그를 일으켜 세운 이유 중의 하나였다.

오늘날의 그를 있게 한 스펀지(플렉시블 폼) 산업과 인연은 우연한 기회에 맺어졌다. 상경한 동생을 지인이 운영하던 스펀지 대리점에 취직시켜 주게 되면서다. 그러면서 스펀지 산업의 미래에 대해 접하게 됐다. 우리나라가 산업화되고 경제 수준이 올라가면 차량 시트를 비롯한 산업용 자재뿐만 아니라 소파, 침대 등 생활용품의 재료로도 그 수요가 급증할 것이라는 사실을 알게 되었다. 스펀지 산업의 미래 정보를 어느 정도 파악한 그는 우선 스펀지 대리점을 운영하면서 이 산업의 전망을 더욱 구체적으로 파악하기로 했다. 1972년 현재의 금호 화성 전신이라 할 수 있는 '만만 스펀지'라는 상호를 걸고 서울 성동구 마장동에 소규모 대리점을 차렸다. 내친김에 그는 더 큰 꿈을 품고 1980년 경기도 반월공단에 용지를 마련했고, 5년 뒤 이곳에 건물을 지어 공장을 옮겼다. 상호도 '대종 스펀지'로 바꿔 본격적인 스펀지 제조업을 시작했다.

나. 창업이노베이션

대기업이 주류를 이루는 이 업계에서 성공하기란 만만치가 않았다. 반월공단으로 옮긴 지 2년 만에 위기가 찾아왔다. 공장은 멈춰 섰고 투자금액의 거의 절반을 날려 버렸다. 또다시 실패를 경험한 그는 일단 스펀지 사업을 접고 어릴 적 꿈꿔 왔던 철강 사업에 관심을 가졌다. 당시 반월공단이나 인천남동공단에서 쏟아져 나오는 다량의 고철 스크랩을 수집하여 H빔을 생산해야겠다고 마음먹고 1987년 경기도 시화공단에 공장부지를 마련했다.

그러던 그에게 적자에 허덕이던 금호그룹 산하 스펀지 생산 공장인 PUF사업부가 M&A시장에 나왔으며 인수 의사를 타진해 왔다. 이 기업은 당시 8년간 150억원 이상의 적자를 내어 어려움에 처해 있었다. 더군다나 당시 이 회사 노조가 파업 중이었다. 그는 '스펀지를 생산하는 다른 기업은 현상 유지라도 하는데 왜 이 회사만이 유독 큰 적자를 보고 있을까?'라는 의문을 가졌다. 적정한 원료값, 원활한 판매, 원자재의 합리적 관리 등 관리만 제대로 이뤄진다면 적자가 나지 않을 것이라는 생각이 들었다. 회계부정, 원자재의 유실, 채권부실 등을 개선한다면 그렇게 많은 손해가 날리가 없다고 생각했다. 스펀지 사업에서 마지막 기회라고 생각한 이종덕은 1992년 고용승계를 조건으로 파업 중이던 이 회사를 인수했다.

하지만, 기존 원료업체에서 원료를 제공하지 않는 문제가 발생했다. 노조가 파업 중이었고 개인이 운영하는 영세 사업자라 판단하고 불안감에 원료 공급을 꺼렸다. 대내외적인 위기에 봉착한 그는 일단 노조와의 피 말리는 협상과 설득을 통해 파업사태를 타결했다. 이어 내수 위주의 원료 구매 환경을 탈피하기 위해 독일 등 해외로부터 원료를 구매하는 수입선 다변화를 시도했다. 이러한 일련의 과정을 통해 그는 결국 회사를 정상화시켰고 인수 당시 미수채권(27억원)도 받아냈다.

다. 기업가정신

인수 단계에서부터 금호PUF는 노조원 65명이 파업을 하고 있었다. 노조파업의 불을 끄는 것이 우선이었다. 그런데 인수 이후 사장으로 점찍어 놓았던 모 임원은 "터질 게 터졌다. 오히려 잘 됐다."라며 수수방관하는 태도를 보였다. 당시 이종덕은 '기업 소유자가 누구든 우선 파업을 수습하려는 자세를 갖는 게 경영자의 태도 아닌가'라고 생각했다. 후임 사장 예정자를 배제하고 직접 경영의 의지를 굳힌 그는 노조와 직접 협상을 통해 결국 타결을 끌어냈고 회사를 정상화시켰다. 어떤 어려움 속에서도 일어서는 오뚝이 정신과 그동안 내면에 체득된 사업 경험이 합치된 이종덕만의 뚝심이 진가를 발휘되었다.

대기업이 즐비한 국내 업체 가운데 대리점으로 출발해 생산업체로 성공 가도를 달리는 유일한 업체로 자리 잡은 '금호화성'은 이런 어려움 속에서 탄생했다. 금호화성은 탁월한 경영기법과 임직원들의 단합된 힘으로 1998년 IMF 외환위기를 무난히 넘겼다. 지금은 매출도 업체 상위권을 달리고 있다. 이 회장은 이후 부산에 미원스펀지총판(현재 금호화성 부산지사)을 창업하여 부산지역으로 사업영역을 확대했다.

그는 성공비결에 대해 주저없이 "신뢰였다."라고 답했다. 그는 "사업이라는 것은 '신뢰'라고 생각한다. 스펀지 제품에 대한 규

사진 17. 재경광주전남향우회장 취임식에서 회기를 흔드는 이종덕 회장

격과 비중을 속여 팔던 시절에도 나는 항상 정직하게 정확한 수치를 말하고 판매했다. 지금도 사업에서 기본자세는 정직과 진실이다. 상대를 속인다는 것은 있을 수 없고 상상도 못할 일이다. 지금도 업계에서 금호화성 하면 믿을 수 있는 회사라고 말하는 이유가 여기에 있다."라고 했다.

어느 향우들과 마찬가지로 이종덕 회장도 사업적으로 안정을 찾아가자 향우회를 찾기 시작했다. 40대 초반부터 향우회 활동을 시작한 이종덕 회장은 재경광주전남향우회의 청년회 회장직을 연임하며 젊은 층 향우들의 참여를 독려했다. 동시에 재경순천향우회 회장을 맡아, 회사 일을 제외하고는 거의 향우회 일에 전념했다. 이런 공로로 2004년 재경광주전남향우회로부터 '자랑스러운 광주전남인상'을 수상한 그는 2018년 5월 31일 제35대 재경광주전남향우회 회장으로 취임하여, 수도권 500만 향우들을 이끌었다.

이종덕 회장은 여기서 그치지 않고 전국 7개 시·도 향우회(혹은 도민회)가 참여하는 전국도민회연합회 공동회장을 맡은 뒤, 정부와 국회를 상대로 '지방소멸 대응 특별법 제정'을 촉구하는 활동을 적극적으로 전개했다. 2019년 11월 14일 국회에서 여야 의원 11명이 참석한 가운데 간담회를 갖고 국회가 특별법 제정에 나서줄 것을 건의했다. 같은 달 20일 국회의원회관 대강당에서 '지방소멸 대응 특별법 제정 대토론회'를 개최하여 전국적인 관심을 불러일으켰다.

또한, 이종덕 회장은 광주 이씨 대종회 도유사(都有司·2012

~2016년)를 맡으면서 성균관 부관장(2015~2017년)을 역임했고 민주평통 자문회의 자문위원 송파구 부회장(1999~2003년), 서초구 부회장(2003~2005년), 대통령이 위촉한 대한적십자사 전국대의원으로 활동했다. 이종덕 회장은 행복의 조건에 대해, "진정한 행복은 내 것을 남과 나눌 수 있는 사람, 힘든 사람들에게 조금이라도 도움을 주는 사람이다. 인생의 마지막은 봉사"라면서 "정말 똑똑한 사람들은 똑똑한 체하지 않는다. 어느 분야든 겸손한 자세로 좋은 쪽으로 생각하고 계속 행동을 하는 사람이 돼야 한다."라고 강조했다.

사진 18. 2019년 11월 20일 국회의원회관 '지방소멸 대응 특별법 제정 대토론회' 참석 이종덕 회장(맨 앞줄 오른쪽에서 네 번째)

05.

서한옥 세진무역 회장[5)]

사진 19. 1989년 서울 강남역 인근 강남 대동빌딩 상량식에 참석한 서한옥 회장(가운데)

1953년 6·25 한국전쟁이 끝나갈 즈음, 중학교를 갓 졸업한 17세의 소년이 무안 몽탄을 떠나 서울행 완행열차에 몸을 실었다. 어머니는 돌아가셨고 아버지도 파산한 상태여서 고향 집에서 젊은 청춘이 희망을 찾기란 어려웠다. 그는 작은아버지가 겉보리 두 가마를 팔아 쥐여 준 돈을 가지고 서울로 향했다. 전쟁으로 온 나라가 폐허가 된 상태에서 서울 길도 온전하지 않았다. 가까스로 서울 한강변에 도착했지만, 폭격으로 두 동강 난 한강철교는 막막한 그의 서울 생활을 예고했다. 그러나 그의 눈빛만은 미래 한국 카메라업계를 평정하고 국내 빌딩 재벌로 성장할 만큼 충분히 반짝였다.

그가 바로 66년 뒤, 서울 노른자 땅인 강남과 마포에 고층빌딩 4채(대동빌딩)를 보유한 서한옥(2019년 9월 작고) 세진무역회장이다. 소년 서한옥은 당시 간신히 한강을 건넜고 잿더미로 변한 서울은 온전한 집들이 몇 채 없었다. 먼저 상경한 친구의 소개로 서울 을지로 입구에 있

5) 연구자가 직접 인터뷰해 보도했던 전남일보 2019년 4월 21일~4월 25일자 18면 '나의 삶, 나의 도전'을 보완하여 재정리하였다.

는 '신문의 신문사'라는 곳에 '사환'으로 들어가 심부름을 했고, 새벽에는 우유배달, 밤에는 담배·껌팔이를 하거나 구두닦이를 하면서 신문사 마룻바닥에 신문지를 깔고 잠을 청했다. 당시 서울에는 집들이 불타버려 살만한 집들이 별로 없어 남산에 토굴을 파놓고 사는 사람이 많았다. 친구는 얼마 안가 그 토굴로 들어갔고 서한옥은 장충단공원이 있는 산꼭대기에 자취방을 얻어 생활했다. 그리고 공부에 대한 끈을 놓지 않으려 노력했던 그는 서울로 올라오던 그해 마장동 한영고등학교 야간에 진학했다. 무일푼이었지만 죽을힘을 다해 공부했고 고교졸업과 동시에 국민대학교 법대에 진학했다. 그러던 중 대학 4학년 때 미군부대 PX(군부대 내 매점) 물건을 팔았던 것이 잘못돼 대학 등록금도 마련하기 어렵게 되었고 대학 4학년 과정 중간에 중퇴(수료)하고 말았다.

가. 창업동기

빈털터리가 된 서한옥은 사업 전선에 뛰어들었다. 서울 청계천 인근 길거리와 광장시장에서 만년필 장사를 시작했다. 취급품목도 카메라·라이터·라디오·기계류 등으로 늘렸다. 돈이 좀 모이자 청계천변에 가게를 차렸다. 이어 27살 되던 해에는 종로 4가 쪽에 있는 '대동양행'이라는 기존 가게 한쪽을 임대해 카메라 사업에 본격적으로 뛰어들었다. 당시 우리나라가 경제개발5개년계획을 도입하여 국민소득이 조금씩 올라가자 고소득층을 중심으로 카메라를 구입하여 야외에서 직접 사진을 찍으려는 사람들이 유행하던 시기였다. 그 당시만 해도 우리나라 기업들이 카메라를 생산하지 못해 모든 카메라 제품을 수입에 의존하고 있었다.

세진무역이라는 오퍼상을 통해 카메라와 부품을 수입해야 했던 청년 서한옥은 거래에서는 철저히 신용을 지키면서 밤잠을 줄여가며 카메라 사업에 매진했고, 돈이 모이자 아예 세진무역 회사를 사버렸다. 세진무역회장이라는 직함도 그때부터 35년간 지속된 카메라사업에서 비롯되었다. 카메라사업은 더욱 승승장구했고 대동양행은 우리나라 카메라 가격을 결정할 정도로 대한민국 제1의 카메라업체로 성장했다. 인근에 서너 곳의 카메라업체가 있었으나 모두 사라지고 10년 만에 대동양행만 독보적인 존재로 우뚝 섰다.

나. 창업이노베이션

서한옥에게도 위기가 다가왔다. 국내 굴지의 대기업체들이 카메라 사업에 뛰어든 것이었다. 자본력을 바탕으로 한 재벌기업의 진입은 곧 경쟁에서의 탈락을 의미했다. 그는 심사숙고 끝에 재벌이 취급하지 않는 카메라 부속품만 취급하는 쪽으로 전환했다. 그러면서 새로운 사업을 물색했다.

그러던 그는 우연한 기회에 부동산에 관심을 두기 시작했다. 이쯤 서울시는 강남개발을 발표했다. 1971년, 37세 되던 해에 그는 당시 시중은행 중견 간부 출신인 고향 선배의 권유로 서울 영동(강남) 부동산에 투자하기 위해 한강을 건넜다. 당시 강남 논현동은 허허벌판이었다. 현장에 도착하자 당시 복덕방(현재 공인중개사) 주인 노인은 그가 돈 없는 젊은 학생쯤으로 보였는지 "젊은이는 가라"고 했다. 이미 강남에 땅 투자를 결심했던 그는 "여보시오, 돈 주면 사는 것이지" 하면서 그는 그 자리에서 강남에서 제일 목 좋고 비싼 땅인 강남 뉴욕제과 땅 600평을 평당 6만 8,000원에 사버렸다. 당시 서울 강남 테헤란로에서 가장 비싼 땅값이 18,000원 하던 때였으니 큰 모험이기도 했다. 그러나 강남개발이 이미 발표된 데다 도면상으로 볼 때도 한눈에 욕심이 났던 것, 카메라 사업으로 익힌 사업적 감각이 한몫했다.

그의 판단은 적중했다. 땅값이 급등했고, 곧이어 되팔라는 전화가 쇄도했지만 팔지 않았다. 이후에도 카메라 사업으로 돈이 모이면 인근에 땅을 사들였다. 그 과정에서 그는 본인이 운영하던 무역회사 임원의 꾀임에 속아 몇 차례 샀던 땅을 처분해 손해를 보기도 했다.

그런데도 그의 부동산 구매는 계속됐고 이 분야에 전념하게 됐다. 그러던 1989년, 그는 평당 5억 원을 호가하던 강남구 논현동 노른자 땅 위에 생애 최초로 지상 14층 지하 4층의 강남 대동빌딩을 완공했다. 그 땅을 산 지 18년 만에 그의 첫 빌딩을 세우게 된 것이다. 층수를 더 올릴 수도 있었으나 고도 제한에 걸렸다. 독일제 건설 자재를 사용하는 등 당시로서는 쉽지 않은 공사였지만 완공의 기쁨을 맛봤다. 여기서 그치지 않았다. 10여 년이 지난 2009년, 그는 서울 송파에 지상 17층, 지하 8층 연 면적 5,658평의 두 번째 대동빌딩을 완공했다. 그리고 4년 뒤인 2013년에는 서울 마포구 서교동에 세 번째 대동빌딩을 완공했다. 또한, 2020년 서울 서초구에 지상 12층 지하 3층의 네 번째 빌딩을 완공, 서울 중심지에 4채의 빌딩을 보유하게 되었다.

다. 기업가정신

더욱 놀라운 사실은 서한옥 회장이 서울 중심가에 4채의 빌딩을 지으면서 은행으로부터 일절 돈을 빌리지 않았다는 것이다. 무일푼으로 상경하여, 무차입 강남 빌딩시대를 연 것이다. 그의 이와 같은 결과는 근면성과 철저한 절약정신 때문이었다. 서한옥 회장은 "어려움을 뚫고 자수성가한 사람이라고 하지만 그 배경에는 적은 돈을 아끼는 '절약정신'이 몸에 배어 있었기에 가능했다."라고 했다. 그는 자신의 삶을 회고하면서 젊은이들에게 절약정신만은 꼭 전해주고 싶다고 강조했다.

"절약이 제일이다. 가진 것 없는 사람들이 천원, 2천원 잔돈을 물 쓰듯 한다. 아주 나쁜 버릇이다. 큰 돈을 아끼라고 할 수는 없다. 큰 돈은 써라, 그러나 잔돈을 아껴라는 것이다. 잔돈을 아끼면 습관이 된다. 적은 돈을 쉽게 보고 쓰면 큰 돈도 그렇게 쉽게 쓴다. 적은 돈을 아끼게 되면 큰 돈을 쓸 때는 검토를 거듭하게 되고 어른들이나 전문가들에게 자문을 받는 등 신중하게 쓰게 되는 것이다. 적은 돈을 아껴 쓰라는 것은 그런 의미다. 나는 지금까지 은행돈을 한 푼도 빌려쓰지 않았다. 그 배경에는 평소에 절약하는 정신을 가져야 미래를 대비할 수 있다고 생각하기 때문이다."

서한옥 회장의 충고는 이어졌다. "나는 관공서와 가깝게 지내지 않았다. 관공서와 밀착하면 끝이 좋지 않다. 그리고 갑자기 번 돈은 갑자기 사라진다. 낼 세금 제대로 내고 정상적인 방법으로 기업을 경영하면 누가 건들지 않아 걱정이 없다." 빈손으로 서울로 올라와 무에서 유를 창출하고 무차입 경영의 신화를 쓴 서한옥 회장의 충고는 풍요의 시대를 살고 있는 요즘 젊은이들이 귀담아들어야 할 고언이다.

강남 대동빌딩을 성공적으로 마무리하고 사업적으로 정상궤도에 오르면서 그는 본격적으로 향우활동에 나섰다. 1996년 재경목포문태중·고등학교 총동문회장을 맡아 서울지역 동문들의 협력과 우정을 재정립하는 계기를 마련했고 이듬해인 1997년에는 재경무안군향우장으로 추대됐다. 그의 향우사랑이 점차 확대되면서 2002년에는 수도권 500만 향우들의 구심점인 재경광주전남향우회 제27대 회장을 맡아 전체 향우들의 권위 향상에 매진했다. 이어 2003년에는 (재)재경광주전남향우회장학회 이사장을 맡아 장학회 기금을 대폭 확대했다.

사진 20. 2004년 자랑스러운 광주전남인상 수상한 서한옥 회장 부부

사진 21. 2005년 국제라이온스협회 총재 시절 캄보디아를 방문 해외 봉사활동을 펼치는 서한옥 회장

향우회 회장으로서 활동이 마무리되자 그는 국제라이온스협회 354-D지구 창립에 참여하여 2005년 총재를 맡아 사회봉사활동을 시작했다. 국내뿐만 아니라 캄보디아 등 경제적으로 열악한 나라를 방문하여, 학교를 지어주는가 하면 우물을 파주는 등 해외봉사활동도 전개했다.

이런 공로들이 인정되어 서한옥 회장은 2004년 재경광주전남향우회가 수여하는 '자랑스러운 광주전남인상'을 수상했고 2018년에는 전라남도로부터 '올해의 자랑스러운 전남인상'을 수상했다. 서한옥 회장은 못다 이룬 학업에도 관심을 가져 중앙대학교 사회개발 대학원, 경기대 정치전문대학원 최고지도자 과정을 이수하고 2002년에는 우즈베키스탄 외국어대학교 경영학 명예박사학위를 받았다.

06.

김용복 영동농장 명예회장[6)]

사진 22. 부산에서 미국 하우스보이 시절 김용복(오른쪽)

김용복 영동농장 명예회장은 1934년 강진군 군동면 석교마을에서 가난한 소작농의 5남매 중 막내로 태어났다. 태어나자마자 어머니를 여읜 소년 김용복은 중 2학년 때인 1951년 교과서 몇 권이 든 책가방 하나만 달랑 들고 부산으로 향했다. 그를 가엽게 여긴 이웃집 아주머니가 마침 부산으로 가던 차에 "돈 벌어와서 공부해라."라며 함께 가자고 주선해 주었기 때문이었다.

함께 간 아주머니 집에 머물 수 없었던 그는 부산역에서 노숙을 시작했다. 한 달 반 정도가 지났을 때쯤, 미군 병사들이 펑크 난 타이어를 교체하고 있었다. 그는 달려가 중학교에서 배운 "I am a school boy, I am a country boy, I am hungry, Please help me!"을 외쳤다. 그러자 미군들이 불쌍히 여겼던지 그를 부산 범일동 미극동사령

6) 연구자가 직접 인터뷰해 보도했던 전남일보 2018년 7월 9일-7월 13일자 18면 '나의 삶, 나의 도전'을 보완하여 재정리하였음.

부 장거리통신대로 데리고 갔고 그는 거기서 3년간의 하우스보이(미군들의 군복 등을 세탁해주고 청소·담배심부름 등을 해주는 일)생활을 시작했다. 부산에서 마지막 1년 동안 부대장 운전사 겸 통역원으로도 일할 수 있을 정도로 영어 실력을 쌓은 그는 종전이 되자 1954년 미군을 따라 서울로 올라갔다.

영어실력자와 운전경험자가 별로 없었던 1950년대 중반 김용복에게는 오히려 기회였다. 미군 부대 고위 간부 운전사를 거쳐 미국계 회사 총지배인 운전사로 활동하던 중 27세의 늦깎이로 건국대학교 정치외교학과에 진학해 졸업했다. 이후 미군 7사단에 입사해 미8군 사령부 교육처장 보좌관 직책과 주한 메릴랜드 주립대학 서울분교 교무과장까지 겸직하게 되었다. 미국과 미군이 엄청난 영향력을 행사했던 시기에 국내에서 그의 위치는 부러울 게 없는 최고의 엘리트였다.

그러던 중 월남(베트남)전쟁이 터지면서 그는 돌연 베트남으로 향했다. 당시 미8군 월급이 100달러 정도였는데 월남전 파견 노무자 월급은 가장 낮은 행정직의 경우 월 350달러였다. 전쟁의 포화가 날아드는 베트남에서 열심히 돈을 벌었고 그 돈으로 사놓은 땅이 급등해 귀국 후 한 때 호화생활을 누렸다. 그러던 중 사업 실패로 이번에는 설렁탕집 주인으로 추락했다.

그때 중앙 모 일간지에 사우디아라비아에 파견할 기능공을 뽑는다는 광고를 접하게 된다.

가. 창업동기

몇 차례 부침을 겪은 김용복은 미국계 회사에서 사우디아라비아 민병대 훈련소 고위고문관 보조원들을 뽑는다는 소식을 듣고 지원했다. 영어를 잘했던 그는 무난히 행정보조원으로 합격했다.

그는 이때 “사우디에서 끝장을 봐야겠다.”라고 다짐했다.

그가 출국 전 ‘사우디에서 무엇을 해야 할까?’ 고민하던 중 그의 머릿속에 떠오른 것이 ‘이스라엘은 쓸모없는 사막을 개간해 농업 국가로 위상을 갖추며 7%의 농산물을 유럽에 수출국까지 했다.’라는 사실이었다. 당장 책방에서 이스라엘 관련 책 두 권을 구입하여 독파했다. ‘이스라엘 민족이 우수한 민족이라고 하지만 우리 한민족도 보통 민족이 아닌데, 사우디에서 농사를 지으면 충분히 가능하다.’라고 확신했다.

1975년 출국한 그는 사우디에서 군수물자 보급을 담당하면서 본격적인 농사준비에 착수했다. 당시 중동의 엄청난 오일달러와 한국노동자들의 대거 유입은 최대의 호기였다. ‘더위와 싸워야 하는 수만 명의 한국인 건설 역군들에게 필요한 것은 김치.’라고 생각했다. 특히 당시는 한국에서 사우디까지 선박으로 이동하는데 2~3개월이 걸렸다. 한국에서 김치를 실어 보낼 수가 없었다. 확신에 찬 그는 “여기서 채소재배로 큰 돈을 벌어 금의환향해야겠다.”라고 다시 한번 이를 악물었다고 했다.

나. 창업이노베이션

그의 앞에는 난제가 산적해 있었다. 모래땅을 농토로 개발하기 위해서는 엄청난 자금이 필요했다. 월급 350달러 가운데 국내 집으로 보내고 나면 용돈밖에 없었기 때문에 해결 방법을 찾기 위해 사우디 농림성을 찾았다. 영어가 능통한 그는 현지 고위 공무원들을 만나 자문했다. 그들은 ‘농사를 짓게 되면 80%를 정부에서 보조를 해주는데 그것도 대출이 아니라 그냥 준다.'라는 정보를 주었다. 그러나 다시 돌아온 답은 '외국인에게는 해당하지 않는다.'라는 것이었다. 또다시 난관에 봉착했다. 막힌 길을 뚫어야 했다. "현지 지주들을 설득하자, 개발한 뒤 수익금을 반반씩 나눠 가지면 되지 않겠느냐."라고 생각했다. 그는 지주들 설득에 나섰다. 동시에 본격적인 배추농사 준비에 들어갔다. 4년간에 걸친 피눈물 나는 설득과 준비 끝에 2만 평의 배추농장 계약을 체결했다. 미국회사 계약 기간 만료 직전이었다. 1978년 6월 잠시 입국하여, 비자를 바꾼 뒤 1979년 2월 4일 삽 네 자루와 농부 네 명을 데리고 사우디 현장으로 달려가 배추재배를 시작했다. 그로부터 3개월만인 1979년 4월 25일 배추 500kg을 처음 수확하는 성과를 올렸다.

사진 23. 김용복 회장이 사우디아라비아에서 사막을 일궈 배추를 가꾼 제2 영동농장

이때부터 한국 근로자 15만 명을 상대로 김치 납품이 시작되어 대성공을 거두었다. 그러자 사우디 지주들로부터 '당신이 원하는 대로 계약을 해줄 테니까 우리 농장도 이렇게 푸르게 만들어달라'는 요청이 쇄도했다. 제2농장 45만 평, 제3농장 30만 평에 이어 제4 농장까지 일궜다. 국내서 들여온 종자로 16종에 걸친 야채를 대규모로 생산했다. 쿠웨이트, 바레인까지 수출했다.

그는 당시 하루 40,000달러 정도가 수익금으로 들어왔다고 했다. 이에 따라 그는 1980년부터 1982년까지 3년 동안 대한민국 국민 중 외국에서 가장 많은 US 달러를 들여와 외환은행에 예치한 랭킹 1인자가 되었다.

1980년대 중반을 넘기면서 중동 경제환경도 급변했다. 우리나라 건설업체들이 철수하기 시작했고 동시에 파견 근로자들도 대폭 감소했다. 사업성도 시들해졌다. 작목도 밀로 전환했다. 그러던 1989년 12월 31일 땅 주인에게 모든 것을 넘겨주고 사우디아라비아에서 완전히 철수했다. 이런 과정에서 그는 이미 눈을 국내로 돌려 농장을 구입하고, 고국에서 제2의 꿈을 실현하기 위해 준비하고 있었다. 사우디아라비아 사막에서 성공 가도를 달리고 있던 1982년, 김용복은 '한국 최대의 농장주가 돼야겠다.'라고 마음먹었다.

사우디에서 벌어들인 자금으로 국내 농토를 사들였다. 그중 하나가 당시 현금 9억 원에 매입한 강진군 신전면과 도암면 일대의 미완성 간척지 110만 평의 영동농장이다. 그는 다른 지역 땅은 모두 처분하고 영동농장에 집중, 당시 10억 원을 들여 2년에 걸쳐 110만 평 가운데 70만 평을 농경지로 조성했다.

이어 1985년부터 본격적인 쌀생산에 들어갔다. 1990년대 초부터는 미래식량소비추세를 반영해 친환경 농사로 전환, 연간 12,000여 석의 고품질 친환경 쌀을 생산했다. 일본과 중국에 수출한 데 이어 국내에 처음 도입된 음악농법을 통해 친환경 쌀을

사진 24. 사우디아라비아 사막농장에서 가꾼 무를 들고 기뻐하고 있는 김용복 회장(오른쪽)

생산하여, 유기농그린음악쌀 즉석밥이란 브랜드로 2017년 미국 수출도 시작했다. 질곡의 한국 현대사를 가로지르며 미지의 세계를 개척한 김용복은 이렇게 명실상부한 대한민국 제1의 농장주로 우뚝 섰다.

다. 기업가정신

그는 어린 시절 겪었던 배고픔과 못 배운 설움을 절대 잊지 않았다. 1983년에 '용복장학재단'을 설립하여, 수백 명의 가난한 학생들을 현직 판사, 대학교수, 의학 박사 등으로 키워냈다. 2004년에는 사재 100억 원을 출연해 '한사랑농촌문화재단'을 설립하여, 농촌을 위해 노력하고 있는 숨은 일꾼들을 찾아내어 매년 5~6명에게 각각 1,000만원씩을 지원하고 있다. 2017년에는 33억 원을 출연하여 '월정어린이복지재단'을 설립하고 어린 꿈나무 육성에도 적극적으로 나섰다. 그 뿐만 아니라 고향과 모교, 지역사회 지원 등 그의 손길이 닿지 않은 곳이 없었다. 그는 "재산은 분뇨와 같아서 한 사람이 너무 오랫동안 가지고 있으면 부패하여 구린내가 난다. 하지만 재산이 적재적소에 쓰이게 되면 향기가 나고 죽어가는 생명도 살린다. 나는 돈을 억수로 벌었을 때보다 지혜롭게 쓸 때가 훨씬 더 행복했다."라고 했다. 그가 사회를 위해 재산을 환원하고 있는 이유가 여기에 있다.

그는 대형태극기 게양을 통한 나라사랑운동에도 앞장섰다. 2014년 사회지도층인사가 태극기를 밟는 무례를 범하자 '나라의 상징인데 어떻게 그럴 수 있을까'라며 "최고로 크고 넓은 태극기를 제작하라"고 지시했다. 그해 영동농장에 높이 30m의 국기게양대에 가로 8.6m, 세로 6m의 대형태극기를 게양하고 그 주위에는 전국 17개 광역시·도기와 함께 광역단체의 구호가 적힌 석판을 배치했다. 그는 성대한 게양식을 통해 전국적인 태극기 게양 운동을 끌어냈다. 2017년에는 이곳 뒷동산 5,300여 평에 무궁화, 소나무 등을 식재한 '월정나라바람공원'을 조성하였다.

사진 25. 전남 강진군 소재 김용복 회장 영동농장 전경

김용복 회장은 이제 모든 경영과 재단운영을 아들 김태정(51·서울대 농업생명과학대학 졸업)과 관련 전문가들에게 맡기고 일선에서 은퇴하였다. 그가 받은 석탑산업훈장(1982년), 상허대상 농촌부문상(2000년), 도산경영상(2009년), 인간상록수 추대(2012

년), 제1회 행복나눔인상(2013년), 장기 기증 서약, 아너소사이어티 가입 등 수많은 수상과 참여경력이 그의 이력을 간접적으로 보여주고 있다.

김용복 명예회장은 요즘 젊은이들에게 외치고 싶다. "전인미답(前人未踏)의 진로를 선택하라. 남들이 생각지 못하고, 남들이 어렵다고 생각하는 길을 찾아서 최선을 다하라. 그 길이 막힐 때면 주저앉지 말고 뚫어내라. 그리고 왜 좁디좁은 우리나라에서만 길을 찾으려 하는지 답답하다. 해외로 뻗어나가라. 그러면 반드시 길이 보인다."

제2절 국내 출향 호남인 기업가의 창업이노베이션과 기업가정신

1. 창업이노베이션

이상에서 기술한 내용을 종합하여 국내 출향 호남인 기업가 6인의 창업이노베이션과 기업가정신의 내용을 정리하면 다음 <표 9>와 <표 10>과 같다.

먼저 창업이노베이션 내용을 살펴보면, 국내 출향 호남인 기업가에게 창업과정에서 나타난 특징은 틈새시장 공략이다. 법랑유약 분야에서 일본과의 기술적 격차가 큰 현실을 파악하고 기술력 확보를 통해 관련 사업에 뛰어들었고(오순기), 콘크리트블록 산업 중에서도 자금 회전력의 우위를 점하고 있는 레미콘·아스콘 분야로 진출(김윤중)하거나 알로에라는 새로운 건강식품 분야를 선택해 기존기업이나 대기업이 관심을 두지 않는 사업영역을 개척(박형문)하는 등의 방법을 통해 창업함으로써 기존기업과의 경쟁을 회피하면서 독자적인 위치를 확보해나갔다.

또한, 대기업이 주류를 이루는 시장에 진입하기 위해 적자에 허덕이는 회사를 M&A를 통해 인수한 뒤 스펀지 산업에 진입(이종덕)하거나 대기업이 참여하지 않는 수입품 시장의 틈새를 파고들었고(서한옥), 사막국가들은 채소를 재배하지 않는다는 틈새를 뚫고 들어감으로써 세상을 놀라게 하는 성과를 얻어내기도 했다(김용복 회장).

표 9. 국내 출향 호남인 기업가의 창업이노베이션 내용[7)]

구성 요소 / 창업가	창업동기	틈새시장 공략	파괴적 혁신	구조적 공백 연결
오순기 (주)해광요업 회장	·경제발전 따라 법랑 제품 수요 증가 예상	·일본 기술력과 한국 시장 사이의 기술적 차이의 틈새시장 공략	·국내에서 법랑유약에 대한 독자적인 기술력 확보 ·법랑유약을 습식에서 분체로 전환해 업계 선도	
김윤중 (주)삼원기업 회장	·한국의 경제개발계획 시행에 따라 레미콘·아스콘 수요 증가 예상	·자금 회전력의 차이가 있는 콘크리트블록 시장과 레미콘·아스콘 시장 사이의 틈새시장 공략		·지리적 단절 상태에 있던 서울과 지역을 연결하는 사업 전개. 서울에 경영의 중심을 두고 사업 현장은 고향인 전남지역에 설립, 운영
박형문 녹십초 회장	·알로에 약효 확인 ·소득증대에 따라 국민의 건강보조식품에 관한 관심 증가 예상	·기존기업이나 대기업들이 관심 보이지 않았던 알로에를 통해 식품 분야의 틈새시장을 파고들어 사업적 성공을 거둠	·보사부를 끝까지 설득, 건강식품 허가를 받아냄. ·GMP허가를 획득해 화장품 산업으로 진출 ·화장품 신물질 개발, 사업적 성공 기반 다짐	·건강식품 산업에서 한방분야, 요양병원 등으로 진출 ·의료분야 진출을 발판으로 의료보조기구인 전동칫솔 분야 진출

7) 이 표는 국내 출향 호남인 기업가에 대한 분석 결과를 바탕으로 연구자가 작성하였음.

구성 요소 / 창업가	창업동기	틈새시장 공략	파괴적 혁신	구조적 공백 연결
이종덕 (주)금호화성 회장	· 경제가 발전함에 따라 스펀지에 대한 산업용 및 생활용품 자재로 수요가 급증할 것으로 판단하고 창업	· 대기업이 주류를 이루는 시장에 진입하기 위해 적자에 허덕이던 회사를 M&A를 통해 인수한 뒤 스펀지 산업에 진입		· 원료구입난에 봉착하자 내수 위주의 원료 구매 환경을 탈피하기 위해 독일 등 해외로부터 원료를 구매하는 수입선 다변화를 통해 성장환경 조성
서한옥 세진무역 회장	· 생활수준이 높아지면서 고소득층 중심 카메라를 구입하려는 사람들이 늘어나는 것을 보고 카메라사업에 본격 돌입	· 대기업이 참여하지 않은 상태에서 수입에 의존하는 틈새시장 상품으로 카메라사업을 선택		· 카메라사업에 자본력이 좋은 대기업이 뛰어들자 카메라사업을 대폭 줄이고, 미래성장 가능성이 높은 부동산사업으로 사업영역을 전환
김용복 영동농장 명예회장	· 사우디 진출 한국노동자들에게 배추를 재배해 배추김치를 제공하겠다는 아이디어를 착안해 도전	· 이스라엘은 사막을 개간, 농산물을 생산하지만 다른 사막국가들은 채소를 재배하지 않는다는 틈새를 파고듦	· 열사의 땅 사우디에 삽 네 자루와 농부 네 명으로 진출, 사막을 옥토로 만들겠다는 혁신적 사고를 현실화시킴	· 이역만리 사막국가 사우디에서 익힌 농업기술과 자본을 고향 강진으로 연결, 새로운 사업영역을 확대하여 또 다른 성공을 이끌어냄

창업이노베이션을 이뤄내는 방식도 업종의 성격에 따라 차이를 보이고 있다. 오순기 회장의 해광요업의 경우, 기술적 차이를 극복하기 위해서는 선진 기술력을 보유하는 것이 무엇보다 중요하다고 판단하고 국내 전문가를 직접 찾아다니며 자문을 구하고 일본의 기술자들을 국내로 초청하는 등 독자적인 기술혁신을 통해 창업이노베이션을 이루어냈다. 이는 기술적 차이를 극복하려는 '파괴적 혁신'의 결과로 생각된다.

김윤중 회장의 삼원기업의 경우는 교통 등 국내의 부족한 SOC(사회간접자본)에도 불구하고 지역 실정을 잘 파악하고 있는 고향 전남에 생산 공장을 설립함으로써 안정적인 생산 기반을 구축하고 서울을 중심으로 서울과 전남, 서울과 전국을 잇는 '구조적 공백의 연결'을 통해 창업이노베이션을 이루었다.

박형문 회장의 녹십초알로에의 경우는 알로에의 효능에 대한 인식이 부족했던 보사부(현 보건복지부)를 상대로 직접 자료를 제공하는 등 6개월에 걸친 집요한 설득을 통해 결국 허가를 받아냈다, 이후 알로에를 활용해 아토피 피부염에 특효가 있는 신물질을 개발해 화장품 사업에 뛰어드는 등 기존의 인식을 깨뜨리는 '파괴적 혁신'을 통해 알로에가 건강식품으로서 국내에 자리 잡게 했다. 또한, 이를 기반으로 의료분야, 전동칫솔 분야로 진출하여 사업적 영역을 확대한 것은 '구조적 공백'을 연결하는 노력의 일환으로 평가된다.

또한, 이종덕 회장은 원료구입난에 봉착하자 내수 위주의 원료 구매 환경을 탈피하기 위해 독일 등 해외로부터 원료를 구매하는 수입선 다변화를 통해 성장환경을 조성했다. 서한옥 회장은 카메라 사업에 자본력이 좋은 대기업이 뛰어들자 카메라사업을 대폭 축소하고 미래성장 가능성이 큰 부동산사업으로 사업영역을 전환했다. 이 두 가지 사례 모두 '구조적 공백'의 연결을 통한 창업이노베이션의 사례로 평가된다.

김용복 회장의 경우, 열사의 땅 사우디에 삽 네 자루와 네 명의 농부를 데리고 진출하여 사막을 옥토로 만들겠다는 혁신적 사고를 현실화시킨 노력은 '파괴적 혁신'이라 할 수 있다. 이역만리 사막 국가 사우디에서 익힌 농업기술과 자본을 고향 강진으로 접목해 새로운 사업영역을 확대한 것은 '구조적 공백'의 연결을 통한 성공사례라고 볼 수 있다.

이처럼 국내 출향 호남인 기업가는 '파괴적 혁신'과 '구조적 공백의 연결'이라는 창업이노베이션을 통해 기업적 성공을 거둔 사례에 해당한다고 생각된다.

그러나 이들은 디지털시대에 있어서 비즈니스모델의 혁신인 디커플링에까지는 이르지 못했던 것으로 분석된다. 이들은 본인이 일으켜 세운 기업을 유지하고 확장하는 데 중점을 두었기 때문에 고객을 중심에 두고 기존기업이 가진 제품과 서비스에 대한 가치사슬을 끊어내 새로운 비즈니스모델을 도입하는 창업이노베이션을 이루어내는 데는 미진했을 것으로 판단된다.

2. 기업가정신

다음은 국내 출향 호남인 기업가의 기업가정신을 살펴보면 다음과 같다. 기업가정신의 구성요소 중 하나인 혁신성의 경우, 한국의 경제발전에 따라 법랑분야의 수요증가를 예측하고 독자적인 기술개발에 매진했고(오순기), 경제개발에 따른 레미콘·아스콘의 수요증대에 대한 예측(김윤중), 건강식품의 국민적 관심증대에 대한 예측(박형문), 믿을 수 있는 회사라는 이미지 제고(이종덕), 수익성이 좋고 고소득층이 선호하는 카메라 사업에 전념(서한옥), 사막에서 배추를 생산하겠다는 기발한 생각(김용복) 등을 통해 사업화하는 혁신적 사고를 발휘한 것으로 나타났다.

또한, 진취성의 경우, "오직 법랑유약만은 내가 지켜내겠다." 라는 도전성(오순기), 협동화 사업과 산학협력의 중요성을 인식하고 이를 실행에 옮긴 사례(김윤중), 보사부를 끈질기게 설득해 건강식품 허가 승인을 받아내고 신물질 개발에 매진하는 사례(박형문), 미래 전망을 확신하고 M&A를 통해 대기업을 인수해 재도전에 성공(이종덕), 자본력이 좋은 대기업이 카메라사업에 뛰어들자 과감하게 부동산쪽으로 선회(서한옥), 사우디 현지에서 외국인이라는 이유로 농지를 확보하지 못하자 4년간 현지인을 설득하여 농지를 임차한 사례(김용복) 등은 사업적으로 성공해내겠다는 창업가의 진취성이 없었다면 이룩하기 힘든 것이었다.

표 10. 국내 출향 호남인 기업가의 기업가정신[8)]

창업가	혁신성	진취성	위험 감수성	사회적 책임성
오순기 해광요업 회장	·한국 경제가 발전할 경우 법랑분야 미래수요가 증가할 것을 예측, 독자적인 기술개발 매진	·"국내 법랑유약만은 내가 지키겠다."라는 확고한 도전정신	·본인 업체 뿐만 아니라 국내 전체 법랑산업의 부도 속출에도 불구 지속적 투자	·재경해룡면향우회장, 재경순천향우회 고문, 재경광주전남향우회 상임자문위원 활동하며 고향 및 향우 지원
김윤중 삼원기업 회장	·한국의 경제개발에 따른 레미콘·아스콘 수요 확대를 예측하고 자금 회전력이 좋은 분야투자	·협동화 사업의 중요성 인식하고 협동조합 참여 ·산학협력 필요성 인식하고 관련 학업 지속 투자	·두 번의 부도를 '신용'의 중요성을 인식하는 전화위복의 기회로 삼고 지속적인 투자	·재경순천향우회장, 재경광주전남향우회장 맡아 향우 및 고향 지원. ·민주평통 상임위원, 사회통합위원회 위원 활동 ·아너소사이어티 가입

8) 위 표는 국내 출향 호남인 기업가의 기업가정신에 대한 구성요소 내용을 연구자가 작성하였다.

창업가	혁신성	진취성	위험 감수성	사회적 책임성
박형문 녹십초 회장	·알로에에 대한 효능체험 후 향후 건강식품에 대한 국민적 관심 고조 예측하고 사업화 착수 및 사업다각화	·건강식품 허가 보사부 6개월간 설득해 허가 받아냄 ·아토피 피부염 신물질 개발 화장품 사업 도전	·대기업 참여로 위기 맞자 전국 대리점 점주 설득, 알로에 사업 지켜냄. 관련 국내 3대 기업 중 유일하게 생존.	·재경구례군향우회장, 서울 구례학사 및 향우 지원 ·2016년 대한민국 행복나눔대상 수상, 2018년 대한민국발전공헌대상 수상
이종덕 금호화성 회장	·비규격품이나 비중을 속여 팔던 시절에도 정확한 수치의 제품을 판매해 믿을 수 있는 회사라는 이미지 제고를 통해 성장	·영세업체로 창업하여 실패했지만, 미래전망을 확신하고 M&A를 통해 대기업을 인수해 재도전 성공	·파업 중이던 기업을 인수해 노조와의 피 말리는 협상을 통해 기업 정상화	·재경향우 지원에 앞장선 공로로 '자랑스러운 광주전남인상'을 수상하고 재경광주전남향우회 회장을 역임 ·전국도민회연합회 공동회장 맡아 '지방소멸 대응 특별법 제정' 촉구 활동 전개

창업가	혁신성	진취성	위험 감수성	사회적 책임성
서한옥 세진무역 회장	·만년필, 라이타 등 다른 상품도 있었으나 수익성이 좋고 고소득층이 선호하는 카메라사업에 전념	·대기업이 카메라사업에 뛰어들자 과감하게 이 분야를 축소하고 부동산 쪽으로 과감하게 선회	·정부가 강남개발에 대한 계획은 발표했지만, 당시로서는 실현되지 않은 계획에 불과했기 때문에 투자의 위험성이 있었지만 이를 감수하고 도전	·재경광주전남향우회 회장과 장학회 이사장을 역임하며 향우 및 향우자녀 발전에 기여 ·라이온스협회총재를 맡아 지역사회 봉사활동뿐만 아니라 해외까지 진출, 학교를 지어주는 등 봉사활동을 전개
김용복 영동농장 명예회장	·사우디라는 사막에서 배추를 생산, 한국 노동자들에게 배추김치를 제공하겠다는 혁신적 사고	·사우디 현지에서 외국인이라는 이유로 농지를 확보하지 못하자 4년간 현지인들을 설득해내는 노력 전개	·확신만 가지고 있었을 뿐 사막에서 배추를 생산한다는 무모함을 극복하고 도전, 사막 배추 수확이라는 성공을 거둠	·국내에 용복장학재단, 한사랑농촌문화재단, 월정어린이복지재단 등 설립해 가난한 학생 및 아동, 농민지원 ·태극기 동산 조성 태극기사랑 운동 전개

호남 출신 기업가들이 이러한 도전을 할 수 있었던 것은 사업 실패에 따른 위험성을 감수했기 때문에 가능했다. 국내 법랑산업 전반에 부도가 속출했음에도 불구하고 미래수요를 확신하고 지속적인 투자를 이어갔고(오순기), 두 번의 부도에도 불구하고 이를 전화위복의 기회를 삼았으며(김윤중), 대기업 참여로 전국의 대리점 점주들이 흔들렸지만, 이들을 설득해 알로에 산업을 유지할 수 있었으며(박형문), 파업 중이던 기업을 인수해 노조와의 피 말리는 협상을 통해 기업을 정상화하였고(이종덕), 강남개발이 실현되지 않은 계획에 불과했기 때문에 투자의 위험성이 있었지만 이를 감수하고 도전하였으며(서한옥), 사막에서 배추를 생산한다는 무모함을 극복한 도전(김용복)은 위험을 감수하면서도 끝까지 자신의 분야에서 성공하겠다는 단단한 각오가 없었으면 불가능했다.

더욱이 사업적으로 성공을 거둔 이후에는 그 결과물을 동향(同鄕)의 향우나 고향과 나누고 국가발전을 위해 참여하는 열정을 보였다. 오순기 회장은 재경해룡면향우회 등 향우단체에 가입하여 향우회 지원에 앞장섰고, 김윤중 회장의 경우 재경순천향우회, 재경광주전남향우회 회장으로 활동하며 향우와 고향을 지원했을 뿐만 아니라 민주평통, 사회통합위원으로 활동하며 국가발전에 기여했다. 여기서 그치지 않고 사회복지공동모금회 1억 이상 기부자들의 모임인 아너소사이어티에 가입하여 불우이웃을 도왔다.

박형문 회장도 재경구례군향우회장을 맡아 수도권 향우지원에 앞장서고 있으며 대한민국행복나눔대상과 대한민국발전공헌대상을 수상할 정도로 고향 및 국가발전에 기여하고 있다.

또한 이종덕 회장은 재경향우 지원에 앞장선 공로로 '자랑스러운 광주전남인 상'을 수상하고 재경광주전남향우회장을 역임하며 향우발전에 기여했으며 전국도민회연합회 공동회장을 맡아 '지방소멸 대응 특별법 제정' 촉구 운동을 전개하기도 했다.

서한옥 회장은 재경광주전남향우회 회장과 장학회 이사장을 역임하며 향우 및 향우 자녀 발전에 기여했고 라이온스협회총재를 맡아 지역사회 봉사뿐만 아니라 해외까지 진출해 학교를 지어주는 봉사활동을 전개했다.

김용복 회장도 용복장학재단, 한사랑농촌문화재단, 월정어린이복지재단 등을 설립해 가난한 학생 및 아동, 농민들을 지원하고 개인재산을 털어 태극기 동산을 조성해 나라사랑운동을 전개했다.

제6장

해외 출향 호남인 기업가의 창업이노베이션과 기업가정신 사례

제1절 해외 출향 호남인 기업가

1. 박종범 영산그룹 회장(오스트리아)
2. 김점배 알카오스 트레이딩 회장(오만)
3. 박상윤 상해상윤무역유한공사 대표(중국 상해)
4. 전희배 일본키스코주식회사 대표(일본)
5. 이명식 (주)전주재팬 대표(일본)
6. 정한영 한영E&C 회장(중국)

제2절 해외 출향 호남인 기업가의 창업이노베이션과 기업가정신

1. 창업이노베이션
2. 기업가정신

제3절 '사회적 책임성'을 선도한 해외 출향 호남인

1. 하정웅 (재)수림문화재단 이사장(일본)
2. 윤기 '고향의 집' 이사장(일본)

CHAPTER 6

해외 출향 호남인 기업가의 창업이노베이션과 기업가정신 사례

이 장에서는 해외 출향 호남인 기업가의 창업이노베이션과 기업가정신에 관한 사례를 분석하고 이들이 한국의 경제발전에 어떻게 기여했는지에 대하여 살펴보고자 한다. 사례분석결과를 간략히 요약하면 다음과 같다.

해외 출향 호남인 기업가의 창업동기는 외국에서 법인장이나 주재원 등으로 익힌 숙련된 경험을 해외 현지사회에 접목하여 사업 성공을 달성하려는 목적으로 창업하였다. 출향 호남인 기업가는 창업과정에서 틈새시장을 공략하여 기업을 창업하였다. 이는 출향 호남인 기업가 모두 현지사회에서 사회적 약자의 처지에 있었기 때문에 현지 기존기업들의 틈새시장을 개척할 수밖에 없었던 상황을 고려한 결과로 생각된다.

호남인 기업가의 창업이노베이션 내용을 살펴보면, 해외 출향 호남인 기업가는 다양한 상황에 직면하여 기업을 성장시켜야 했기 때문에 창업이노베이션 내용으로 파괴적 혁신과 구조적 공백의 연결을 동시에 동원하여 성장한 것으로 나타났다. 기업가정신의 내용을 보면, 해외 출향 호남인 기업가의 경우 혁신성, 진취성, 위험 감수성을 모두 충족시키면서 기업가로 성장했고, 기업성공을 이룬 후에는 모두 출신 고향과 국가에 사회적 책임성을 다하는 특성을 보여주었다.

제1절 해외 출향 호남인 기업가

01.

박종범 영산그룹 회장(오스트리아)[1)]

박종범 영산그룹 회장은 1957년 광주 남구 대촌동에서 태어나 살레시오고를 거쳐 조선대 경영학과를 졸업했다. 학창시절 행정고시에 도전(1차만 2회 합격)했으나 최종 합격의 뜻을 이루지 못하고 1984년 일반 회사에 입사하여 사회생활을 시작했다.

사진 26. 영산그룹 본사가 위치한 비엔나 오프닝 1번지 건물

1) 아래 내용은 연구자가 직접 인터뷰하고 황상석(2019), 『2019 세계 속의 글로벌 한국인 리더』, 청해(푸른지식), pp.28-99의 내용에 대한 본인 확인을 거친 뒤 재정리하였다.

이후 그는 기아인터트레이드에 스카우트되어 1996년 오스트리아 법인장을 맡으면서 오스트리아와 인연을 맺었다. 그러던 중 IMF 외환위기를 맞아 기아인터트레이드에 사표를 내고 오스트리아에서 1999년 창업하여 기업가로서 활동을 시작했다. 그는 창사 20주년을 맞이하여 현재, 유럽·아프리카·아시아 등 3개 대륙에 걸쳐 21개국 36개 계열사를 거느리며 글로벌경영을 실천하고 있다. 박종범 회장은 이와 같은 경영성과를 인정받은 공로로 모교인 조선대학교로부터 경영학 명예박사 학위를 받았다.

가. 창업동기

박종범 회장은 유럽에서 법인장으로 활동하던 중 대한민국이 IMF 외환위기에 처하면서 1998년 기아가 현대자동차그룹에 흡수 합병되었다. 오스트리아 법인을 폐쇄하고 서울로 복귀하라는 발령을 받은 그는 이때 본격적으로 창업을 고민하게 되었다. 한국으로 복귀한다고 해도 혹독한 구조조정이 기다리고 있음을 잘 알고 있었던 박종범 회장은 사표를 내고 창업의 길을 선택하였다. 그동안 법인장으로 닦은 경험을 바탕으로 유럽을 무대로 사업을 전개하겠다는 계획이었다.

그는 주택의 규모를 줄이고 자녀들도 학비가 비싼 국제학교에서 오스트리아 현지 학교로 전학시키는 등 창업 초기에는 뚜렷한 수입이 없었기 때문에 지출을 최대한 줄이는 자린고비 전략을 택했다. 그는 1999년 7월 16일 자본금 1억 원으로 직원 1명을 둔 '영산 한델스'라는 회사를 설립했다.

나. 창업이노베이션

창업 초기 동양인 출신의 새내기 기업가들이 유럽 사회에 뿌리내리기는 쉽지 않았다. 외지인에 대한 텃세와 동양인을 업신여기는 태도가 상상을 초월할 정도로 심했기 때문이다. 해외 한인 기업가들이 창업과정에서 겪었던 '사회적 약자'의 입장을 겪은 것이다. 그러나 이와 같은 상황은 박종범 회장이 사업 전략을 수립하는데 오히려 긍정적 효과로 작용했다.

박종범 회장은 사회 시스템과 경제구조가 안정된 서유럽보다는 동유럽의 틈새시장을 개척해야겠다고 생각했다. 동유럽은 공산주의 체제 붕괴 이후 사회 및 경제체제가 불안하지만, 오히려 비즈니스를 하기에는 적합하다고 판단했다. 디아스포라 경제[2] 기업인들의 특징적인 시장개척 전략인 '틈새시장 공략'이라는 새로운 시장에 도전하게 된 것이다.

그는 동유럽과 러시아, 특히 우크라이나에 관심을 가졌다. 1991년 소련연방에서 독립하여 연 10%대의 경제성장율을 보이던 우크라이나를 집중적으로 공략하기 시작했다. 그러던 1999년 우크라이나 업체를 통해 한국에서 사탕 포장재를 납품하는 기회를 얻었다. 예전에 다녔던 한국 회사 동료와 함께 동업을 시작했다. 2000년 1월 포장재 수출은 사업성과가 좋게 나타났다. 한국내 인쇄기를 24시간 풀가동해야 할 정도였다. 그러던 중 동업자

2) 이민자들로 구성된 소수민족 출신 기업가들이 주체인 경제. 김일태 외 1명(2020), 『사회적경제와 소셜이노베이션』, 전남대학교출판문화원, p.234.

가 인쇄기 관리를 잘하지 못하는 바람에 165만 달러에 이르는 소송을 당했다. 그는 이때 '신뢰를 잃으면 모든 것이 끝난다.'라고 생각하고 우크라이나 회사 측에 전액 배상하겠다고 약속했고 2년 만에 채무를 모두 갚았다. 그러자 우크라이나 파트너 측으로부터 "박종범은 믿을 수 있는 파트너다."라는 찬사를 받았다. 또한, 그는 이 사업을 통해 불가피한 경우를 제외하고는 동업은 절대 하지 않겠다는 교훈을 얻었다.

한번 신뢰가 생긴 우크라이나 파트너는 박종범 회장이 2004년부터 배터리, 타이어, 케이스, 힐 등 한국의 자동차부품과 염화비닐수지(PVC), 폴리에틸렌(PE), 폴리프로필렌(PP) 등 케미컬과 수지제품 등 많은 물량을 우크라이나에 팔 수 있도록 도와주었다. 특히 데코레이션 시트 공급 사업은 우크라이나 전체 시장의 60%를 차지할 만큼 규모가 컸다. 일련의 과정을 통해 박종범 회장은 사업에 있어서 '신뢰'는 무엇보다 중요하다는 점을 확인했다.

영산그룹이 도약의 결정적인 계기를 마련한 사업은 2007년 차량 KD(Knock-Down)사업 진출이었다. KD사업은 완성차로 만들어진 자동차를 부품단위로 모듈화한 뒤 포장하여 수출한 후 수입국에서 통관을 받아 다시 조립하는 생산방식이었다. 기아자동차가 유럽자동차시장을 공략하기 위해 슬로바키아 질리나 공장에서 생산한 씨드(Ceed) 차종을 러시아나 우크라이나 등지로 반제품 수출하는 사업을 진행할 때, 당시 이를 수주한 독일 업체가 신규투자를 망설이자 박종범 회장은 이 사업을 직접 추진했다. 40일 안에 공장을 건설해야 하는 촉박한 공기 외에도 자금 부족, 현지인 대상 기술교육의 어려움, 막대한 운영비 조달이라는 4중고를 겪었지만, 각고의 노력 끝에 이를 성사시켰다.

이렇게 해서 반조립 자동차를 러시아까지 운송하는 물류업체인 슬로바키아 까르멜 로지스틱을 2007년 9월 설립했다. 경험이 전혀 없던 타국에서의 사업인 데다 세계금융위기가 겹친 상황에서 이루어낸 성과였다. 특히 거래 불모지였던 슬로바키아에서 사회적 열세를 극복하고 한국과 슬로바키아를 연결하여 도약의 발판을 마련하였다. 이 회사는 2018년 6만여 대를 생산하는 규모로 성장했고, 이 중 90%를 러시아에 공급했다.

이 사업이 성공을 거두면서 박종범 회장은 2016년 6월에는 까르멜 체코 공장을 설립하여 현대자동차 체코 공장에서 투싼 제품을 인수한 뒤 수백 가지 아이템으로 모듈화하여 러시아로 수출했다. 또한, 터키 부르사에 설립된 영산 터키법인을 통해 아프리카, 중남미, 서남아시아를 포함한 13개국에 수출하는 등 왕성한 사업 활동을 전개했다.

또한 2011년 2월 아프리카 말리에서 자동차 조립공장을 착공했으나 반란 등 불안한 정국으로 인한 직원들의 강제 구금 등 숱한 어려움을 겪었다. 그러나 끝내 이를 극복하고 2015년 말리 정부로부터 6,000만 달러 규모의 군용트럭 500대를 수주받은 것을 시작으로 이후 2,000여 대를 납품하는 등 서남아시아시장과 아프리카 시장을 성공적으로 공략했다.

박종범 회장은 한국에도 진출하여, 서울을 기점으로 전주에

사진 27. 영산그룹 슬로바키아 질리나의 카르멜 오토 전경

화물차 및 군용차 모듈화·포장·개조 공장과 김해에 승용차 반제품 생산 공장을 설립했다.

박종범 회장은 최근에 자동차부품을 생산하는 제조회사를 터키에 설립했고, 친환경에너지 산업과 플랜트 사업에도 진출하여 전 세계에 11개의 공장을 세웠다. 또한, 독자적으로 구축한 글로벌네트워크와 노하우를 바탕으로 발굴한 기술아이템인 핸드 드라이어, 보일러, 산업용 장갑, 플레이트 등을 유럽과 러시아를 비롯한 전 세계에 수출하고 있다.

다. 기업가정신

박종범 회장은 창업 이후 20년 동안 수행비서도 없이 매년 200일 이상 해외 출장을 다녔다. 작은 무역회사로 출발해서 세계적인 중견그룹으로 성장할 수 있었던 비결은 바로 여기서 출

사진 28. 영산그룹 비엔나 WCN (World Culture Network) 전경

발한다. 직접 발로 뛰는 해외 출장을 통해 얻어낸 정보력을 바탕으로 빠른 판단과 실행을 할 수 있었기 때문이다.

또한 박종범 회장이 오스트리아 비엔나를 중심으로 동유럽과 러시아, 중앙아시아, 그리고 중동, 아프리카, 인도, 서남아시아 지역으로 사업을 확대할 수 있었던 것은 비엔나에서 비행기로 3시간이면 이들 각 지역 어디에도 갈 수 있었다는 지정학적 조건을 충분히 활용했기 때문이다.

특히 영산그룹이 무역업으로 시작해서 빠르게 제조업으로 진출하고 전 세계적으로 확장할 수 있었던 것은 언제든지 진출할 업종에 대해 준비한 후 기회가 되면 바로 투자했던 방식이 주효했기 때문이다. 박종범 회장은 신흥국의 정치와 경제의 변동성이 매우 크기 때문에 계열사 법인장들에게 불확실한 경영환경 변화에 대비하기 위해 '시나리오 경영'을 체질화할 것을 주문했

사진 29. 오스트리아 한인문화회관 개관식에 참석한 반기문 유엔사무총장 부부와 박종범 회장 (오른쪽에서 다섯 번째)

다. 경영환경 변화에 능동적으로 대처하기 위해서는 시나리오별로 선제적 대응 방안을 수립하는 것이 필요하다고 판단했다.

박종범 회장은 문화예술의 중심도시 비엔나의 도시특성을 살려 이를 경영에 접목하는 안목을 보여주기도 했다. 클래식 음악의 고향인 비엔나에서 고품격 유럽문화와 한류문화가 교류할 수 있도록 2011년 문화예술기획사인 WCN(World Culture Network)를 설립했다. 이를 통해 유럽 10개국 친선음악회 개최, 한국 가수 베를린 오페라하우스 공연, 한국 전통문화 유럽 무대 공연, 한국영화 상영회 등 한국과 유럽의 문화가 활발하게 교류하고 이해할 수 있는 장을 마련했다.

그뿐만 아니라 박종범 회장은 오스트리아 한국인연합회의 회장을 맡아 기금을 모금하여 오스트리아에 한인문화회관을 건립하기도 했다. 박종범 회장은 한국과 유럽을 연결하는 가교역할을 수행하고 모국 민간외교관의 역할도 톡톡히 해낸 셈이다. 박종범 회장은 이러한 노력의 공로로 2013년 오스트리아 연방정부로부터 '금성문화훈장', 한국 정부로부터 '국민훈장 모란장'을 수여했다.

또한, 박종범 회장은 세계한인회장대회 공동의장(2013년), 세계한상인대회 대회장(2014년), 한상리딩CEO(2013년~), 니제르 명예영사(2016년~), 민주평통 유럽·중동·아프리카 지역 부의장(2016년~) 등을 맡아 세계한인사회의 발전에도 크게 공헌했다. 그 밖에도 박종범 회장은 물 부족을 겪고 있는 아프리카 5개국에 깨끗한 샘물을 제공하는 '평화의 샘물', '희망의 샘물'을 제공하는 사회공헌활동에도 참여하고 있다.

02.

김점배 알카오스 트레이딩 회장(오만)[3]

사진 30. 2008년 1,000만 달러 수출탑을 수상한 김점배 회장

김점배 회장은 1957년 전남 장흥군 대덕읍 산외동에서 4남 2녀 중 둘째로 태어났다. 대덕초등, 대덕중학을 졸업한 뒤 5년제인 여수수산전문대학(현재 전남대 여수캠퍼스)에 진학했다. 김 회장은 여수수산전문대학을 졸업하기 전인 1977년 10월부터 3년 동안 북태평양 캄차카반도에서 조업하던 동원산업 명태잡이 원양어선과 인도양 참치잡이 원양어선을 탔다.

당시 동일계 업체에 5년간 근무할 경우 주어지는 산업체 병역특례 혜택을 받겠다는 계획도 있었다. 그런데 해당 근무 기간이 끝나기도 전에 그가 탔던 선박회사가 도산해버렸다. 그는 선택의 여지 없이 1981년 중동 아라비아반도 오만의 수도 무스카트에 기지를 둔 한국해외수산이라는 원양어선업체의 배를 탔다. 당시 1회 계약 기간이 30개월이었는데, 연이어 60개월 배를 탔다. 회사로부터 성실성을 인정받은 그는

3) 아래 내용은 연구자가 직접 인터뷰하고, 일부 내용은 본인 확인을 거쳐 작성하였다.

1986년 선장으로 승진했다. 이후 오만에서 기지장으로 근무했던 그는 2000년 라사교역(현재 (주)천관)이라는 회사와 오만에는 알카오스 트레이딩이라는 회사를 설립하여 본격적으로 경영자의 길을 걸었다.

숱한 어려움을 극복하며 성장을 거듭한 그는 한국무역협회로부터 2008년 1,000만 달러 수출탑을 수상하는 등 지속적인 성장을 거듭하여 직원 200명, 연 매출 3,000억 원에 달하는 회사로 발전했다. 그는 현재 1,000t급 등 트롤망 선박 5척을 보유하고 있다.

가. 창업동기

회사로부터 성실성을 인정받은 그는 1991년 오만에서 한국해외수산의 기지과장으로 지상근무를 하게 되었다. 그러던 1993년 회사경영이 어려워지면서 그는 선박 9척과 선원 300명의 귀국 경비, 부식비 조달은 물론 거래처의 빚을 떠안아야 했다. 본사에서 경비를 한 푼도 지원해주지 않았기 때문이다. 그는 개인적으로 자금을 끌어모아 제반 경비를 충당했다. 6개월 정도 지나자 그가 관리하던 배들이 1~2척씩 나뉘어서 4개 회사에 팔렸다.

당시 선박을 매입했던 회사들이 그에게 인도양 기지장 역할을 부탁했고 대행 업무를 맡았다. 1994년부터 1997년까지 약 3년 동안 참돔과 갑오징어를 대량 어획하면서 그가 관리하는 원양어선이 10척이 되었다. 이 중 한 회사가 부도가 나면서 선박이 매물로 나왔다. 그는 전 재산을 털어 선가(船價)의 일부를 지불하고 부채를 떠안는 조건으로 2척의 배를 인수했고 2000년 부산에 라사교역(현 (주)천관)을 설립했다.

나. 창업이노베이션

사진 31. 김점배 회장이 운영하는 원양어선

경영자로 변신한 그는 한때 몸담았던 한국해외수산의 도산 원인을 분석한 결과, 소말리아에서 조업하던 배들이 잡은 어획물을 편도 항해 시간만 1주일이 걸리는 아랍에미리트 아즈만항에 하역하고 있다는 문제점을 파악했다. 이 때문에 소요 경비가 많이 증가하면서 적자가 날 수밖에 없는 구조였다. 이러한 구조를 개선하기 위해 그는 운송 시간을 대폭 단축하는 새로운 하역항구 확보와 판로개척에 나섰다. 그는 하역항구로 오만의 남부 살랄라항을 모항으로 결정했다. 이렇게 하면 항해 시간을 기존 일주일에서 이틀로 단축하고 1회 출어당 10만 달러의 경비를 절약할 수 있었기 때문이다. 판로개척에 나선 그는 오만에서 조업하던 그리스 원양 업체를 통해 이탈리아, 스페인, 그리스 등 유럽

시장과 연계하는 새로운 판로도 확보했다. 고가 어종은 잡기만 하면 전량 판매할 수 있는 소비처를 구축한 것이다. 김점배 회장은 이와 같은 판로확보를 통해 2008년 1,000만 달러 수출탑을 달성하는 성과를 거두었다.

김점배 회장이 소유한 선박은 해적들이 준동하는 소말리아 해역에서 조업하고 있었지만, 사고는 물론 사건이 한 건도 발생하지 않았다. 이는 김점배 회장이 아프리카 지역 실정을 잘 파악하고 있었고 거기에 맞게 소말리아 출신 직원을 고용하는 등 적절한 조처를 취했기 때문에 가능했다. 2011년 전 세계 오일 파동으로 회사의 경영이 어려움에 봉착했다. 그가 찾은 해법은 유럽으로 수출하는 고가 어종 외에 자투리 어획물을 안정적으로 판매하는 소비처를 확보하는 것이었다. 아프리카 틈새시장 개척에 나섰고 그 결과 세네갈과 코트디부아르, 나이지리아 등 아프리카 시장을 확보했다.

그러던 2014년, 유럽연합 NGO 단체가 김점배 회장 회사 소속 선박들이 불법어획을 했다며 한국 정부에 항의하는 사건이 발생했다. 소말리아 정부로부터 허가를 받아 합법적으로 조업하고 있었는데도 불구하고 소말리아 정부에서 발행한 어업허가증명을 믿지 못하겠다는 것이었다. 이들 NGO의 항의로 유럽으로 수출된 컨테이너 20개의 수산물이 통관되지 못하고 반송되었다. 설상가상으로 불법 어획국 지정을 우려한 한국 정부도 어획 증명서와 위생증명 등 통관을 위한 서류를 발급해주지 않았다.

이로 인해 매출액이 곤두박질쳤다. 한해 50억 원의 손실이 발생했다. 소말리아 당국도 불법 어업손실액이 매우 증가하자 군과 해안경비대를 동원한 불법 어업과의 전쟁을 선포했다. 김점배 회장의 저인망어선 4척에 대해서도 불법 어업이라는 명목으로 입항금지 명령을 내렸다.

김점배 회장은 한국 정부에 항의도 하고 하소연도 했지만, 아무 소용이 없었다. 그는 결국 2015년 소말리아 해역에서 조업하던 선박의 소유를 소말리아에 양도하고 대신 그 어선들에 대한 대리점 위탁계약을 맺었다. 선적은 소말리아로 넘기는 대신 운영과 판매는 김점배 회장이 맡은 형식이었다. 이후 회사 매출은 다시 회복됐다. 2016년에 연 매출 3,000만 달러(약 370억 원)를 돌파했다.

김점배 회장은 이제 새로운 도전에 나설 계획이다. 소말리아가 사회적·정치적으로 안정돼 투자여건이 조성되면 그곳에 통조림 공장을 세우겠다는 계획이다. 김점배 회장은 "그동안 소말리아로부터 도움을 받았으니 이제는 도움을 주려는 것"이라고 취지를 밝혔다.

다. 기업가정신

김점배 회장은 지난 2019년 세계한상대회 참석차 귀국해 여수 충무고등학교를 찾아 후배들을 대상으로 '세상이 답하게 하라'를 주제로 강의를 하였다. 이 자리에서 그는 "그동안 하루하루가 바다의 거친 파도와 싸우는 투쟁의 연속이었다."라며 "중요한 것은 파도의 흐름을 이용할 줄 아는 지혜"라고 강조했다.

사진 32. 2009년 민주평통 중동·아프리카 협의장 취임 김점배 회장

그러면서 "인생을 살다 보면 계획과는 정반대로 가는 경우가 비일비재하다."라며 "강한 뚝심으로 맞서 나가는 오기를 가지라."고 당부했다.[4] 마주친 파도를 헤치며 위기를 극복하고 기회로 활용하는 그의 기업가정신이 배어 있는 충고였다.

김점배 회장은 "선장으로 근무할 당시 우리 회사의 다른 선장들은 대부분 4년제인 부산수산대학(현 부경대) 출신들이었다. '저만 전문대 출신이었어요. 가방끈이 짧으니까 고기도 못 잡네'라는 그런 소리가 듣기 싫었어요. 그래서 그들이 두 시간 잠잘 때 나는 한 시간만 잠을 자고, 그들이 1톤을 잡을 때 나는 2톤을 잡는다는 자세로 일했다."라고 했다. 김점배 회장이 거친 바다에

---

4) 매일경제, 2019년 10월 22일자, 글로벌시장 누비는 한상들 "도전하는 청년만이 기회 잡는다." : https://www.mk.co.kr/news/economy/view/2019/10/855722/.

서 조업에 임하는 자세를 짐작하게 하는 대목이다.

김점배 회장은 아프리카 돕기에도 앞장서고 있다. 지역 한인회를 중심으로 아프리카 식수 해결을 위한 아프리카 10개국을 대상으로 '평화의 샘물' 공급에 적극적으로 나서고 있다. 김동해 명동성모안과 병원장이 글로벌 프로젝트로 추진하고 있는 아프리카 시각장애인을 대상으로 한 비전케어 사업에도 적극적으로 참여하고 있다. 그는 2010년 소말리아 해적에게 삼호주얼리호가 납치되었을 때, 청해부대가 아덴만 여명작전으로 구출한 직후 석해균 선장의 간호와 주얼리호 수리 문제를 해결한 공로로 2012년에 국민포장을 수훈했다.

김점배 회장은 아프리카와 중동지역 한인사회를 대표하고 한국과 아프리카·중동을 연결하는 거점 역할도 수행하고 있다. 김점배 회장은 2000년부터 오만한인회장을 맡고 있으며 2016년 3월부터 아프리카·중동 한상총연합회 회장, 2019년부터 아프리카·중동 한인회총연합회장, 2009년부터 민주평통 중동협의회장도 맡고 있다. 재외동포 권익 신장에 기여한 공로로 2020년 제14회 '세계한인의 날'을 맞아 국민훈장 석류장을 수여했다. 또한 사회복지공동모금회 1억 원 이상 기부한 아너소사이어티 회원이기도 한 김점배 회장은 고향 장흥군에 매년 2,000~3,000만 원의 성금을 기탁하고 있다. 이런 공로로 '2017 사회봉사 분야 장흥군민의 상'을 수상하기도 했다.

03.

박상윤 상해상윤무역유한공사 대표(중국 상해)[5]

박상윤 상해상윤무역유한공사 대표는 1963년 전북 익산에서 태어나 1988년 전북대 무역학과 졸업과 동시에 SK케미칼(주)('선경합섬'의 후신)에 입사하였다. 그는 본사에서 근무하던 5년간 매일 오전 7시 30분에 출근하여 1시간 30분씩 영어, 일본어, 중국어 공부를 했다. 1994년에는 회사에서 파견하는 중국어 연수생으로 선정되어 회사 지원으로 1년 동안 북경에서 중국어를 배웠다. 중국어에 능통했던 그는 1996년부터 2000년까지 SK케미칼(주) 상해 주재원과 사무소 소장직을 수행하였으며 2000년부터 2004년까지는 SK케미칼(주)과 삼양사(주)가 50:50 지분으로 합병한 휴비스(주) 상해지사장을 지냈다.

박상윤 사장은 사천휴비스화섬유한공사의 총경리(2005~2007)로 일하기도 했는데 이때 상해 복단대학교의 최고경영자 과정인 EMBA(2년)를 수료했다. 그는 11년 6개월 동안의 주재원과 법인장 생활을 마친 뒤 본사 글로벌사업본부장으로 부임되어 한국으로 들어왔다.

가. 창업동기

2007년 여름, 회사 발령으로 가족들을 상해에 남기고 혼자 귀국했다. 오랜만의 본사 생활은 낯설고 외로웠다. 아들과 딸이 고

5) 아래 내용은 연구자가 황상석(2019), 「2019세계 속의 글로벌 한국인 리더」, 청해(푸른지식), pp.146-173의 내용 가운데 일부 내용을 피연구자로부터 직접 수정받아 재정리하였다.

등학교 2학년과 중학교 2학년에서 각각 3학년이 되던 즈음이라 한국으로 전학하기가 여의찮았다. 한국에서 근무 중이던 2007년 말에 아들이 미국 스탠퍼드대학교에 합격했다는 소식을 전했다. 뛸 듯이 기뻤으나 그것도 잠시, 걱정이 앞섰다. 당시 그의 월급으로는 미국 명문 사립대학에 보내는 게 쉽지 않았기 때문이다. 스탠퍼드대학교의 1년 학비는 수업료, 기숙사비, 보험료를 포함하여 6만 3,000달러를 넘었다. 당시 환율로 약 7,000만 원이었다. 게다가 뒤이어 미국 유학을 준비하고 있는 딸까지 생각하면 앞이 캄캄했다.

그는 고민에 빠졌다. 계속해서 샐러리맨으로 생활한다면 아이들 유학 경비를 감당하기가 어려웠다. 만약 경비를 부담한다고 해도 가정 경제는 거의 포기해야 했다. 그는 결국 오랫동안 마음 한편에 품었던 사업가의 꿈을 펼쳐야겠다고 결심했다. 어쩌면 자녀들의 유학 경비를 벌기 위해서 창업을 한 셈이었다.

2008년 상해에서 회사 명칭에 자신의 이름이 들어간 '상윤무역유한공사'를 설립했다. 그는 창업할 때 '크게 생각하자.'라고 다짐했다. 자기 혼자 또는 자기 가족만 먹고사는 것에 만족하는 수준을 뛰어넘는 회사를 만들고 싶었다. 하지만 미리 준비하지 않고 창업을 한 탓에 초기에는 많은 어려움을 겪었다. 무엇보다 무역 아이템을 찾기가 쉽지 않았다. 당시는 미국발 금융위기가 본격화되던 시기라 더욱 힘들었다. 전 직장에서 오랫동안 맡아오던 화학섬유나 원사 쪽은 얼씬도 하지 않았다. 그래서는 안 된다고 판단했다. 대신 직원들과 진지하게 소통하며 돌파구를 찾았다. 진심이 통했던지 무역 아이템과 바이어를 물색할 수 있었고 거래량이 많이 늘어났다.

나. 창업이노베이션

사진 33. 상숙상윤 방직유한공사 공장 내부 전경

박상윤 사장은 무역업 외에 제조업에도 관심을 두었다. 직접 물품을 만들어보는 게 꿈이었다. 그 꿈은 의외로 빨리 찾아왔다. 당시 중국산 장갑용 원사를 한국의 장갑 생산업체에 수출하고 있었는데, 한 고객사에서 합작으로 중국 현지에 장갑용 원사 공장을 세우자고 제안해왔다. 마침 잘 됐다는 생각이 들었고, 2013년에 50:50의 비율로 자본을 투자해 중국 강소성 상숙시에 섬유가공 공장인 상숙상윤방직유한공사를 설립했다. 운이 좋았던지

얼마 후 한국의 파트너 회사가 호주의 글로벌업체에 인수 합병되었다. 박상윤 사장은 한국 파트너의 지분 50%를 모두 인수했다. 현재는 상윤무역의 순수 자회사로 운영하고 있다.

박상윤 사장이 예술 분야에 관심을 두게 된 것은 우연이었다. 실은 남을 도와주려고 예술 분야에 관심을 두게 되었는데, 결과적으로는 좋은 사업 아이템이 되었다.

회사 설립 후 5년 반이 지났을 무렵, 연 매출액이 400억 원을 넘어섰다. 회사가 안정적으로 자리를 잡았다. 그는 창업할 때부터 컴퓨터에 '위대한 CEO 일기'라는 폴더를 만들어서 그곳에 매일 쓴 글을 저장했다. 언젠가는 중국에서 자신이 경험한 것을 책으로 출간하여 청년들에게 용기와 열정, 지혜를 나누어 주고 싶었다.

2013년 5월부터는 글쓰기 모임에도 나가기 시작했고 그해 11월에 기업경영에 대한 생각을 담은 자서전적 에세이인 '선한 영향력'을 출간했다. 책을 출간한 후 출간 소식을 페이스북에 게재했더니 많은 페친이 관심을 보였다. 독후감을 써서 페이스북에 올리거나 책 사진을 들고 인증사진을 찍어 공유하는 페친이 상당히 많았다. 그들과 자연스럽게 교류하게 되었다.

그러던 중 독자들 가운데 나전칠기 공예예술가 김영준 작가가 2014년 11월 초 상해에서 개최되는 '상하이 아트페어' 전시에 참여하고 싶다며 도움을 줄 수 있는지를 물어왔다. 그는 선뜻 부스 비용 1,000만 원을 들여서 김영준 작가와 또 다른 회화 작가 김소희의 작품을 전시해주었다. 이때 바로 옆 부스에 있던 한국

평면 회화 작가인 김남호 작가와도 만나게 되었다. 김남호 작가도 그에게 도움을 청했다. 그는 미술경영을 전담하는 직원과 함께 최선을 다해서 도와줬다. 이 인연으로 작가들과도 지속적으로 교류하게 되었고 국내에서 활동하는 다양한 젊은 작가들과 인연을 맺게 되었다. 2015년 1월 상해에서 개최된 '전주 MBC 창립 50주년 기념 한국 미술 작가 4인전'도 성공리에 마쳤다.

두 번에 걸친 미술 전시에 참가했던 작가들과 대화를 나누는 과정에서 박상윤 사장은 한국의 예술가들 역시 중국 미술시장에 진출하고 싶어하는 열망이 크다는 사실을 깨달았다. 누군가는 한국의 미술 작품을 중국에 소개하고 판매하는 일을 해야만 한다는 당위성같은 걸 많이 느꼈다. 그동안 한국제품을 중국에 팔아온 일을 해온 사람으로서, 한국 미술 작품도 중국 시장에 알리고 판매하는 일을 할 수 있지 않을까 생각하기 시작했다.

결국, 2015년 초에 상해에 330m^2(110평) 규모의 갤러리 '윤아르떼'를 오픈했다. 큐레이터 2명과 대학생 인턴 2명의 인력으로 운영을 시작했다. 3년간 갤러리를 운영하면서 한국 작가 30명의 전시회를 개최했다. 또한, 청년 작가전을 포함하여 다수의 단체전 전시를 진행했다. 이 기간에 판매된 그림은 100여 점이었다. 그는 미술 작품 전시 업무가 자신의 성격에 아주 잘 맞는다고 생각했다. 자신의 성향이 예술적인 사업에 잘 맞는다는 것을 깨달으면서 미술 공부에 매진했다.

박상윤 사장이 상해에 갤러리를 오픈했다는 소식이 한국에 알려지자 한국 내의 유명 갤러리들이 그에게 손을 내밀었다. 조선

사진 34. 중국 상해 '윤아르 떼' 오픈 한국 작가 전시회 개최 박상윤 사장(중앙).
- 장보고한상명예전당 제공

일보 미술관과 협력하여 상해한국문화원에서 달항아리 도예가 신경균 개인전을 2018년 3월에 열 수 있도록 지원했다. 또한, 청년 화가 13명이 상해에서 3개월 정도 체류하면서 중국의 이색 문화를 체험할 수 있도록 일정 금액의 숙식과 생활비를 제공하는 프로젝트를 추진했다.

이에 그치지 않고 한국인 소설가와 시인 등 작가들을 비롯한 유명 강사를 자비로 초청해 상해에 거주하는 한인과 중국인을 대상으로 30여 회에 걸쳐 '인문학 강좌'를 실시했다. 갤러리 운영 경비의 대부분은 박상윤 사장의 호주머니에서 충당했다. 경제적으로는 적자를 봤지만, 한국의 작가와 예술가들에게 의미 있는 도움을 주었다는 측면에서 박상윤 사장 자신이 가장 큰 이익을 봤다고 생각하고 있다.

박상윤 사장은 예전에 다녔던 회사의 후배를 스카우트해서 무역회사의 경영 전권을 맡겼다. 억대 연봉을 줄 정도로 파격적으로 대우해줬다. 특수장갑용 원사 제조 공장은 현지인들 가운데 당찬 여성을 발탁하여 회사경영을 맡겼다. 그는 대신 갤러리 운영에 뛰어들었다. 모든 것이 잘 굴러가는 듯했다. 그러나 무역회사를 맡아서 경영하던 후배가 회사의 부하 직원과 공모하여 회사의 자금 수억 원을 자신의 별도 계좌로 이체해놓고 일부 직원들과 규합해 새로운 회사를 창업하려 한다는 소문이 들렸다. 당장 상황을 파악해보니 사실이었다.

그는 당장 그들을 해고했고, 회사에 막대한 손실을 끼친 후배를 중국 사법 당국에 고소할 생각을 했지만, 결국 깨끗이 잊기로 했다. 남의 나라에 와서 회사 내부 문제로 중국 사법 당국에 고발한다는 것이 온당치 않다고 생각했다.

2017년 9월, 갤러리 '윤아르떼'를 정리하고 무역회사의 경영에 다시 전념했다. 그를 따르던 직원들 가운데 일부는 퇴사했지만, 남아있는 직원들과 합심하여 회사 정상화를 위해 노력했다. 직원들도 그의 본심을 알고 예전보다 더 열심히 일했다. 회사는 다시 안정을 찾아서 성장세로 반전되어 현금흐름도 좋아지고 이익도 창출하기 시작했다.

상해상윤무역유한공사의 영업 집조(한국의 사업자등록증에 해당) 발행일은 2008년 3월 30일이다. 창업 4주년이 되던 2012년 3월 30일 전 직원을 데리고 제주도로 여행을 다녀왔다. 그 후 매년 3월 말에는 전 직원과 워크숍 겸 해외여행을 다녀오고 있다.

사진 35. 중국 상해 한국미술작가 초대전 테이프 컷팅 참석 박상윤 사장(맨 오른쪽). - 장보고한상명예전당 제공

2020년에는 코로나 팬데믹으로 해외여행을 가지 못했다. 창업 이후의 11년간을 뒤돌아보면 첫 5년은 급성장세, 이은 5년은 정체 및 쇠퇴기, 10년을 넘기면서 회사는 다시 상승세를 타고 있다.

다. 기업가정신

박상윤 사장은 기업활동으로 바쁜 일정을 보내면서도 다양한 사업영역에 재능 기부를 했다.

첫째, 중국에 유학 온 한국 학생들을 대상으로 재능 기부로 멘토링 강의를 했다. 2012년 9월 상해한국문화원에서 개최된 '한국대학생멘토링 강의'에서 150명을 대상으로 창업을 주제로 강의했다. 2013년에도 세 차례(상해 교통대학, 동화대학, 상해대학)에서 특강을 했다. 그해 12월에는 북경 주중 한국문화원에서 200명의 청년을 대상으로 '청년 드림-중국 창업 세미나'에서 특강을 했다. 2013년부터 해마다 세계한인무역협회가 주최하는 차세대 무역스쿨에서 청년과 한국 대학생들을 대상으로 강의를 했다. 이외에도 전북대 상과대학(2013)과 전북대 무역학과(2014), 한남대(2017) 학생들을 대상으로 멘토링 강의를 무료로 실시했다.

둘째, 그는 2014년부터 2017년까지 교민과 조선족들을 대상으로 글쓰기 동아리를 결성·운영했다. 우석대학교에서 글쓰기 강의를 하는 이재규 교수가 2013년에 1년 동안 상해에 머물면서 '작가의 방'을 개설하여 글쓰기 모임을 지도해줬던 인연으로 독서동아리를 만들게 되었다. 그는 2014년부터 2017년 말까지 4년 동안 글쓰기 동아리를 주도적으로 운영했다. 국적에 관계없이 글쓰기 습관을 길러주기 위해 매일 실천할 수 있도록 도와줬다.

셋째, 상해에 있는 '두레마을 한국도서관'을 위해 1년 남짓 봉사활동을 했다. 상해 한인촌에 있는 이 도서관에 신간 도서 100권과 그가 집필한 책 50권을 기증한 것이 인연이 되어 2013년 두레마을 도서관 송년회에 초대받았다. 이때 1년간 두레마을 도서관의 운영위원장으로 봉사해달라는 부탁을 받았다. 흔쾌히 수락하고 도서관 봉사자로서 활동하다보니 재정이 어려운 점을 알게 되어 1년간 도서관의 임차료를 대신 내줬다.

넷째, 한인과 조선족 청년들에게 독서문화를 전파하기 위해 리더스 독서클럽을 만들었다. 그가 2014년 전주 '리더스 독서클럽'으로부터 초청을 받아서 강연했는데, 이때 좋은 인상을 받았다. 이를 계기로 상해에서 독서클럽을 개설했다. 그 해에 모두

118권의 책을 읽었다. 상해 리더스 독서클럽은 지금까지 매주 토요일 오전에 모임을 하고 있는데, 재적 회원 100명 가운데 10여 명이 꾸준히 참석하고 있다. 그는 서울과 전주, 인천 등지의 한국독서클럽에서 무료 멘토링 강의를 했다.

다섯째, 미술 전시회의 기획, 진행 등을 무료로 봉사했다. 제주에서 활동하는 김남호 미술 작가의 용암동굴 전시회를 2017년 4월 세계한인무역협회(월드옥타) 제주대회 기간에 맞추어 개최할 것을 제안하고 지원했다. 전시 기간에 팔린 작품의 대금을 자신에게는 단돈 1원도 남기지 않고 모두 김남호 작가에게 건넸다. 이외에도 그는 2019년 6월 3일부터 상해 장안사에서 금사경(金寫經: 아교풀에 갠 금가루로 베껴서 쓴 경전)의 외길을 걷고 있는 김경호 화백의 작품 전시회도 개최했다.

사진 36. 중국 상해 한인과 조선족 대상 강연 활동을 하는 박상윤 사장 (장보고한상 명예전당 제공)

그 밖에도 그는 2019년 3월에 '상해한국상회(한국인회) 회장'에 취임하면서 임정 100주년을 맞이하여 상해한국상회사무국을 리노베이션 한 후 교민 소통의 공간으로 꾸미고 미술 전시, 음악 공연, 문학가 강연, 경제 강연 등 다양한 문화 행사를 펼쳤다. 그 후 2020년 1월부터 코로나 팬데믹이 시작된 이후 그는 상해 교민들에게 마스크 및 소독제 무료 배포, 중국 사회에 소독제 기증, 한국 및 해외 교민들에게 마스크 기부 등을 지원하였다. 코로나로 침체한 상해 한인타운 한식당들의 경영을 돕기 위해서 1달간의 일정으로 한류문화제를 '한풍제'라는 이름으로 개최해 매주 다양한 공연 활동을 진행하기도 했다. 특히 코로나로 인해 비행기 편이 끊겨 중국으로 돌아갈 수 없는 한국에 있는 상해 교민들을 상해로 복귀시키기 위해서 다섯 차례에 걸쳐 인천-상해 포동 간의 전세기를 운영, 1,100명의 교민을 상해로 복귀시켰으며 격리 기간 중 격리 생필품을 지원하였다.

04.

전희배 일본키스코주식회사 대표(일본)

사진 37. 일본키스코주식회사 전희배 대표

전희배 일본키스코주식회사 대표는 교보정보통신의 일본지사장으로 근무하던 중 갑자기 퇴직을 통보받고 고민한 끝에 일본 현지에서 '인생 제2막'의 창업에 도전하기로 했다. 그리고 퇴직금과 은행 융자 등 4,000만 엔의 창업자금을 마련해 소프트웨어 개발회사인 키스코를 2001년 1월 말에 일본에서 설립하였다. 20년이 넘는 직장 생활을 통해 한 우물만 파며 전문지식을 축적하고 나름대로 인맥관리도 잘 해놨기 때문에 퇴직 후 곧바로 창업할 수 있었다.[6)]

1986년 프로젝트 업무 수행을 위해 일본 도시바의 후추 공장에서 2년간 체류하며 일본과 인연을 맺은 전희배 사장은 1995년 도시바 업무팀 책임자로 부임했고 1997년에는 일본지사장으로 임명되며 소프트웨어 개발 업무를 지속했다. 회사를 창업하겠다고 나섰을 때 선뜻 자금을 지원해 주고 보증까지 서준 ICN의 야지마 사장, 스카이의 오우라 사장 등은 전희배 사장이 오랜

6) 매일경제 2010년 1월 22일자 "'세계 속의 한국기업인' 전희배 일본키스코주식회사 사장": https://www.mk.co.kr/news/economy/view/2010/01/37831/(검색일 2019.07.08.).

기간 신뢰 관계를 쌓아왔던 일본인들이다.

전희배 대표는 1979년 교보정보통신 입사 이래 일본 지사장을 역임한 후 2001년 전력제어 및 산업시스템 소프트웨어 관련 일본 키스코(주)를 창업했으며 한국 및 미국 등에 6개 자회사를 일궈냈다. 국내 정보기술(IT) 인재 1,000명을 키스코 현지 본사 및 관계회사에 채용해 한국 IT의 일본 진출에 물꼬를 튼 이른바 'K-Move' 원조 기업인으로 평가받고 있다.

일본키스코주식회사는 짧은 창업 역사에도 불구하고 도시바, 후지쓰, 후지제록스, 교세라, 메트라이프, 일본 IBM, 산요전기, 알리코 등 이름만 들어도 알만한 대기업과 거래를 성사시켰다. 그 이유는 "거래처와 신용을 지키기 위해서는 자신의 손해도 감수해야 한다고 생각해 왔습니다. 이 같은 사업 철학을 일본 현지의 거래처 임원들이 높게 평가해 준 덕분이지요."라고 했다. 일본에서 창업한 IT기업 가운데 키스코처럼 첫해부터 흑자 결산에 성공한 회사는 매우 드물다. 일본키스코주식회사는 일본 사업을 토대로 2003년 한국, 2005년 미국에도 각각 지사를 냈다. 2010년에는 그룹 전체 연간 매출액이 20억 엔(당시 약 350억원), 종업원 200명을 보유한 IT분야의 중견기업으로 성장했다.

전 사장은 회사가 자리를 잡은 뒤부터 재일본한인회(고문), 재일한국소프트웨어협회(회장) 등 교민사회 봉사활동에도 활발하게 보폭을 넓혔다. 전희배 사장이 주축이 돼 설립한 재일한국소프트웨어협회는 코스모 컨설팅, 토마토, PDS, 일한정보, PHP 등 IT기업 15개 회사가 참여하고 있으며 약 1만 명으로 추산되는 일본 현지의 한국계 IT 인재들에게 등용문 역할을 하고 있다.

소프트웨어 연구개발(R&D)을 촉진하기 위해 2005년 브릿지하우스, 하이브소프트 등 사내 벤처기업을 별도로 세웠고 코벡을 계열사로 편입시키는 등 회사 규모도 꾸준히 늘려왔다. 주력 사업도 모바일과 인터넷, 컨설팅, SI(시스템통합) 등 4개 분야로 구성돼 사업 포트폴리오가 잘 갖춰져 있다는 평가를 받고 있다.

전희배 대표는 회사의 성공비결에 대해 “일본의 기업환경은 일본 국내총생산(GDP)이 한국의 4배인 데다 인구도 2.5배 더 많다. 기본적으로 경제 규모가 한국보다 크다 보니 기회가 많고, 기업이 할 수 있는 일거리도 더 많다. ‘그 사람은 약속을 잘 지킨다, 그 사람은 믿을 수 있다’는 이미지를 심어줄 수 없으면 외국인, 특히 한국인이 자리 잡기는 어렵다. 특히 일본에서의 평판은 무섭다. 잘못된 평판을 한 번이라도 돌게 되면 이를 회복하기란 거의 불가능하다. 기업은 어느 정도 규모에 이르면 혼자 할 수 없는 일이다. 개인의 것이 되면 그 기업은 사회에 융화되지 못하고 돈만 추구하는 천박한 상인에 그친다. 기업은 그 기업의 조직원이나 사회의 것이 되어야 한다. 일본이나 미국 등 제3국에서 창업하면 언어의 장벽부터 기업 문화 차이 등 어려움이 많지만, 성과는 두 배 이상이라고 본다. 두 나라 문화와 비즈니스 특징을 제대로 이해한다면 훨씬 경쟁력을 갖출 수 있으니까.”라고 했다.[7)]

---

7) 세계일보 2019년 3월 3일자 “실력과 신뢰로 日서 창업 성공 …” “사내 대물림 경영”: http://www.segye.com/newsView/20190328512887?OutUrl=daum(검색일 2019.07.08.).

05.

이명식 (주)전주재팬 대표(일본)

전주재팬 이명식 대표는 일본에서 한국 식품문화에 대한 활발한 교역사업을 하고 있다. 풀무원 창립 멤버로 근무하다 25년 전 일본으로 건너갔다. 한국 전주막걸리를 일본에 공급하는 전주재팬을 운영하고 있는 그는 최근 한국 막걸리 학교를 일본에 설립하기 위해 노력하고 있다. 이명식 대표는 현재 한국 막걸리학교에 입학, 매주 한국과 일본을 오가며 막걸리 수업을 받고 있다.

사진 38. 전주재팬 이명식 대표

전주 주조는 2006년 전부터 막걸리의 일본 수출 길을 개척해 왔다. 도쿄의 한국 교민 유통업체들과 꾸준히 교섭하여, 2009년 초 전주 막걸리 수입업체로 전주재팬(Jeonju Japan·대표 이명식)이 설립됐다. 전주재팬은 새 공장 건립에 드는 비용 60억 원 가운데 일부를 투자하기도 했다. 전주 주조의 막걸리 수출에는 전주시의 지원이 큰 몫을 했다. 전주시는 막걸리 산업 육성시책으로 이른바 '막걸리 프로젝트'를 추진해오면서 막걸리 산업에 새바람을 불러일으켰다. 2007년에는 예술단체들과 손잡고 막걸리 음식점 30곳이 밀집한 완산구 삼천동 막걸리 타운을 함께 증·개축했다.

전주생물소재연구소에 맡겨 자색고구마 막걸리와 우리 밀 막걸리 등 신제품을 만들어내기도 했다. 푸짐한 안주로 한 상을 그득 채우는 전주 막걸리 업소는 이제 관광명소로 자리 잡았다.

2009년 봄부터 일본 여행업소들의 테마 투어 상품으로도 등록했다. 막걸리로 고용을 늘리고 남아도는 우리 쌀과 우리 밀 소비를 늘리자는 뜻도 담겼다. 당시 송하진 시장은 "전주 막걸리는 한류 본고장의 산업 콘텐츠를 풍성히 하면서, 음식산업의 성장동력이 됐다."며 "막걸리와 함께 제2, 제3의 음식문화 콘텐츠를 개발, 전주 음식 세계화에 앞장서겠다."라고 했다. 전주시는 2009년 초 전주 주조 새 공장 건립을 위한 부지매입과 기존부지 매각을 도우면서 각종 인허가 절차를 일사천리로 처리하여 일본 시장진출에서 적기(適期)를 놓치지 않고 적극적으로 지원했다.

일본 막걸리 시장엔 포천막걸리를 시작으로 이미 국내 20여 업체가 진출해 있다. 포천막걸리가 일본 시장의 80%쯤을 선점한 가운데 국내 업체들끼리 치열한 시장 쟁탈전을 벌이고 있다. 전주 주조는 미국·중국·대만·싱가포르·베트남으로 수출시장을 넓혀간다는 계획이다. 새 공장 막걸리의 90%를 수출하면서, 새로 설립한 삼화주조공사에 내수 시장을 맡겼다. 삼화주조공사는 전주에 8년 전 설립된 대성주조공사를 전주 주조가 인수, 재창업했다.[8)]

8) 조선일보 2009년 9월 2일자 "전주 '우리 쌀 막걸리'로 일본서 승부": http://srchdb1.chosun.com/pdf/i_service/pdf_ReadBody.jsp?Y=2009&M=09&D=02&ID=2009090200156(검색일 2019.07.09.).

06.

정한영 한영E&C 회장(중국)[9)]

전남 무안이 고향인 정한영 한영 E&C 회장은 8남매 중 7번째로 태어났다. 일찍이 부모님을 따라 서울로 상경한 정한영 회장은 중학교 3학년 때까지는 행복한 가정의 막내였던 탓에 귀여움을 독차지했다. 그러나 아버지가 갑자기 돌아가시면서 가세가 기울어졌고 고등학교 때는 등록금을 납부할 수 없어 1년을 휴학할 정도로 가정형편이 어려웠다.

몸이 허약했던 그는 중학교 1학년 때부터 6년 동안 유도와 합기도를 꾸준히 배웠던 탓에 각각 2단을 보유하게 됐다. 어릴 적부터 그림의 소질도 가지고 있었다.

그의 어릴 때 꿈은 영화배우가 되는 것이었다. 고려대학교를 다니다가 군대 제대 후 복학하지 않고 한 달 만에 MBC 공채 탤런트 시험에 도전, 5,000대 1의 경쟁률을 뚫고 공채 9기로 합격했다. 당시 인기 드라마 '수사반장'에서 단역을 소화했고 드라마 '타국'에서는 사무라이의 역할을 맡아서 박원숙 선배와 연기를 했다. 현재 9기 동기 가운데 길용우, 신신애(세상은 요지경을 부른 가수), 권은하, 이원용 등이 활약하고 있다.

청년 시절의 정한영 회장은 남다른 데가 있었다. 탤런트 첫 출연료 5,000원을 의미 있는 곳에 쓰는 것이 좋겠다고 생각하고 경향신문사에 불우 원호대상자 돕기 성금으로 기탁했다. 또한, 1977년 이리역 폭발사

---

9) 아래 내용은 장보고 한상 명예의전당에 수록된 수상자 성공 스토리 가운데 2017년 국회의장상(최우수상) 수상자인 정한영 한영 E&C 회장편의 글과 사진을 재구성하였다.

고가 발생했을 때는 탤런트 동기들과 일일찻집을 열어 30만원을 모금하여 기부했다.

사진 39. 드라마 '타국'에서는 박원숙 선배와 함께 사무라이의 역할을 맡아 연기했던 정한영 회장(오른쪽)

가. 창업동기

스타생활은 순탄치만은 않았다. 가족들의 강력한 반대로 화려한 연예인의 생활을 접고 25세 때인 1978년 무일푼으로 미국으로 건너갔다. 그는 아메리칸드림을 꿈꾸었지만, 영어를 제대로 구사하지 못했던 탓에 초창기의 미국 생활은 고단하기 그지없었다. 그는 사무실 청소원과 페인트공, 프리마켓 물건 판매, 자동차 세일즈맨, 구두수선 등을 하며 겨우 생활을 꾸려나갔다.

그러다 1986년 친형 정규수 회장이 운영하던 회사의 미국 지사를 맡아서 1993년까지 영업에 뛰었다. 그는 세일즈를 하면서도 학업의 필요성을 느껴 뒤늦게 산타클라라 미션 칼리지(SANTA CLARA MISSION COLLEGE)에 입학하여 졸업했다.

졸업하자마자 삼성반도체가 1987년 실리콘밸리에 반도체 공장을 건설할 때 '반도체 생산 클린룸 공사 사업'에 참여했다. 그는 이때 실리콘밸리 상공회의소 부회장(1989～1992)을 맡았다. 그는 꼼꼼하게 일을 처리하는 스타일이었는데, 한 치의 오차를 허락하지 않는 클린룸 공사와는 잘 맞았다. 1996년 영국 스코틀랜드의 현대반도체공장과 웨일스의 LG반도체 등의 공사에서 정한영 회장은 반도체 클린룸 해외공사에서 단연 두각을 나타냈다.

사진 40. 상해에 세웠던 친환경 건축내장재 생산 공장인 상해한우건재유한공사 전경

2001년 50세에 중국지사의 경쟁력과 중국 내 클린룸 공사 시장을 파악하기 위해 3개월을 목표로 상하이로 출장을 갔다. 특히 수년 동안 수십억 원이 투입됐던 중국지사의 운영은 신통치 않았다.

그가 중국에 온 지 1개월 만에 지사장이 사표를 냈다. 본사에서도 중국지사를 폐업하기로 결정했다. 정한영 회장은 중국당국에 폐업신고서를 내고 미국으로 돌아가려고 준비를 하던 차에 중국에 진출한 S회사에서 "반도체 클린룸 공사를 해볼 의향이 있느냐"는 제안을 받았다. 그는 공사의 견적서를 제출하고 작업에 착수한 결과 큰 이익을 남겼다.

그는 그때 중국에서 반도체 클린룸 시장이 호황을 이룰 것으로 보고, '한영 E&C'를 설립했다.

나. 창업이노베이션

정한영 회장이 가장 먼저 착수한 것은 친환경 건축내장재 생산 공장을 세우는 일이었다. 그때 세웠던 상해한우건재유한공사와 상해한영건축안장유한공사(1급 면허보유)를 기반으로, 반도체 클린룸(Clean Room)용 특수 판넬을 생산했다. 또한, 바이오 클린룸(Bio Clean Room) 내장재 및 초대형 병원 특수내장재, 초고층 대형 인텔리젠트 빌딩의 내장재와 첨단 커튼월 외장재 등을 생산했다. 상해 판넬 공장은 도시의 확장으로 재개발되면서 광저우로 옮겼다. 지금까지 정한영 회장이 설립한 판넬 공장은 한국을 비롯하여 중국 광주와 베트남 하노이 등 3곳에 자리를 잡았다. 이처럼 친환경 판넬 자재를 직접 생산하는 것은 클린룸 공사와 직결되기 때문이다. 왜냐하면 클린룸공사에 쓰이는 판넬은 코일을 사 가지고 와서 성형과 절곡, 코팅, 코어 본딩의 과정을 거쳐 판넬을 만든 뒤 발주처의 클린룸에 설치하기 때문이다. 따라서 자체 친환경 판넬 자재를 생산하는 공장을 갖고 있느냐의 여부가 클린룸 공사의 경쟁력과 직결된다고 볼 수 있다.

정한영 회장은 2002년부터 사업기반을 미국에서 중국으로 완전히 옮겼다. 중국법인을 폐업하려던 상황에서 중국 내 클린룸 공사를 본격적으로 진행되면서 2003년부터 2007년까지 최대호황을 누렸다.

정한영 회장도 2008년 세계금융위기 때 일감이 없어서 어려움을 겪었던 적도 있었다. 그러나 그는 어떤 어려움이 닥치더라도 신뢰를 바탕으로 세일즈를 했다. 이러한 경영철학의 덕분에 중국 상해의 본사 외에 한국과 베트남, 말레이시아, 필리핀, 몽골, 헝가리 등 세계 7개국에 법인을 세워 무차입 경영을 실천하고 있다. 이들 국가에 진출하게 된 것은 클린룸 공사와 연결되기 때문이다. 예컨대 2008년에는 베트남에 진출, 호치민 인텔의 클린룸 공사와 2009년 하노이 삼성휴대폰 공장의 클린룸 공사를 잇달아 수주했다. 2014년에는 말레이시아와 필리핀, 2015년에 몽골, 2016년에 헝가리에 법인을 각각 세워 클린룸 시장을 개척했다.

2016년에는 한국에 법인을 세워 42명의 직원을 채용, 산업통상자원부로부터 U턴 기업인증을 받았다. 정한영 회장은 앞으로 클린룸 공사가 동남아지역에서 지속적으로 발주될 것으로 보고 2018년

4월 하노이에 5층 규모의 건물을 매입하여 본사로 활용하고 있다.

그는 7개국에 흩어져 있는 법인을 관리하기 위해 3일마다 비행기를 타는 등 강행군을 하고 있다. 일례로 2016년부터 2017년까지 2년 동안 비행기를 탔던 티켓이 217장이었다. 이를 단순 계산할 경우 평균 3.36일마다 한 번 정도 비행기를 탔다는 것이다.

다. 기업가정신

별칭이 '상하이 콧수염'인 정한영 회장은 '미코의 아빠'로 더 알려졌다. 그 이유는 둘째 딸 정소라 양이 미스 서울 선과 미스코리아 진(2010)에, 막내 딸 정유리 양이 미스코리아 서울 미(2012)로 각각 선발되면서 '미스코리아 딸 부자'로 유명세를 치렀다.

그의 경영철학은 한번 맺은 인연을 중시하는 것이다. 이러한 인간관계와 성실, 신뢰, 의리를 중시하는 그의 경영철학이 치열한 경쟁을 뚫고 세계 클린룸 공사를 잇달아 수주하게 된 비결이 되었다. 단적인 사례는 21년 동안 클린룸 공사를 하면서 한 번도 발주처와 협력사를 바꾸지 않은 것이다. 또한, 회사의 임원 절반가량이 10년 이상 장기 근속자들이다. 이는 발주처든 직원이든 '인간관계를 중시'하는 그의 철학이 그대로 반영된 결과이다.

정한영 회장은 자기관리가 철저한 기업인이다. 그는 가급적 저녁 시간에 접대 및 모임을 자제하고 집에 와서 가족들과 함께 시간을 보낸다. 그는 일과 가정, 건강에 각각 30%를 할애하고 10%는 봉사한다는 신념을 갖고 있다. 유일한 낙은 운동하면서 TV 뉴스를 시청하는 것이다.

사진 41. 부인 강혜경 씨, 세 딸과 함께 한 정한영 회장

정한영 회장은 긍정적 사고와 꾸준한 운동으로 자신을 철저하게 관리한 경험담을 엮어서 '상하이 콧수염 지구 백 바퀴(2016)'라는 책을 펴냈다. 이밖에 2009년에 상해한인회장과 상해한글학교 재단이사장을 각각 맡아서 상해 한인회의 위상을 높였다는 평가를 받고 있다. 기업인 정한영 회장은 봉사와 기부에 앞장을 서는 것으로도 유명하다. 예컨대 그는 정소라 양이 받은 상금 2,000만원을 국제백신센터에 기부했다. 또한, 상해한인회 회장 시절에 쓰촨성 지진피해로 어려움을 겪고 있을 때 2010년 미스코리아 전원을 상해로 초청, 자선의 밤을 개최해 성금 5,000만원을 중국 적십자사에 기부했다. 이밖에 2011년 구당 김남수 선생의 '배워서 남주자'라는 가르침을 받들어 상해 뜸사랑봉사회를 창립하여 10년째 회장직을 맡아 봉사하고 있다.

제2절 해외 출향 호남인 기업가의 창업이노베이션과 기업가정신

이상과 같이 6명의 해외 출향 호남인 기업가의 창업이노베이션(<표 11>)과 기업가정신(<표 12>)을 정리하면 다음과 같다.

1. 창업이노베이션

해외 호남인 기업가 역시 현지사회와 현지 기존기업들의 틈새시장을 공략하는 창업과정을 통해 사업에 뛰어들었다.

이들의 창업과정을 보면, 사회적·경제적 시스템이 안정된 서유럽보다는 경제개발 과정에 있는 동유럽의 시장을 겨냥해 창업(박종범)했고, 한국과 오만의 원양어업기업들의 불안정성을 공략(김점배)하거나 중국 무역시장의 틈새를 공략하여 창업(박상윤)했다. 또한, 기존 정보통신분야 소프트웨어 개발을 바탕으로 전력제어 및 산업시스템 소프트웨어 개발 분야로 진출하고(전희배), 전주시 막걸리 수출 프로젝트와 연계해 일본 막걸리 시장을 공략(이명식)했다. 또한, 미국에서 익힌 노하우를 활용, 성장 가능성이 높은 중국 반도체 클린룸 시장을 겨냥해 창업(정한영)하는 등 지역 간 또는 국가 간에 존재하는 틈새시장을 공략했다.

표 11. 해외 출향 호남인 기업가의 창업이노베이션[10)]

구성 요소 / 창업가	창업동기	틈새시장 공략	파괴적 혁신	구조적 공백 연결
박종범 영산그룹 회장 (오스트리아)	·해외 법인장 경험 바탕 유럽 무대로 무역사업 전개하여 창업	·마케팅 대상 지역으로 안정적인 서유럽보다는 경제성장을 위해 노력하는 동유럽 선택	·차량KD사업에 진출하면서 여러 악재를 극복하고 40일 만에 불가능에 가까운 공장 건립 완수	·오스트리아를 중심으로 동유럽, 아프리카, 한국을 사업적으로 연결하는 글로벌네트워크 구축
김점배 알카오스 트레이딩 회장 (오만)	·부도 맞은 회사 선박을 관리하며 인도양 기지장 역할 담당하던 중 비용 절감, 판로확보 등 획기적 경영혁신 절감하고 매물선박을 인수하여 창업	·한국 및 오만 현지 원양어업 불안정성을 공략하는 틈새시장을 파고들어 창업	·하역항구 거리를 획기적으로 단축하는 혁신 단행.	·오만을 중심으로 고가 어종은 유럽시장으로, 저가업종은 아프리카 시장으로 판로를 확대해 안정적 성장기반 구축
박상윤 상해상윤 무역유한 공사대표 (중국 상해)	·창업의 꿈을 꾸던 중 자녀들 유학자금을 마련해야 하는 상황이 도래하자 본격 창업의 길로 들어섬	·중국에서 주재원과 법인장을 거치면서 쌓은 중국무역업의 틈새시장을 공략 창업	·전직 회사에서 취급하던 화학섬유나 원사 분야에는 얼씬도 하지 않고 직원들과 소통을 통해 전혀 다른 사업 아이템 마련 ·한국 미술 작품 중국 판매로 사업 아이템의 혁신적 전환 시도	·중국 현지에서 직접 제품을 만들어 보고 싶은 꿈을 실현하기 위해 무역업에서 제조업으로 영역 확대 ·중국 현지에서의 기반을 바탕으로 미술 분야에서의 한국과 중국 간 구조적 공백을 연결해 사업영역을 확대

10) 이 표는 해외 출향 호남 기업인에 대한 분석 결과를 바탕으로 연구자가 작성하였다.

구성 요소 / 창업가	창업동기	틈새시장 공략	파괴적 혁신	구조적 공백 연결
전희배 키스코 재팬 대표(일본)		·기존 정보통신소프트웨어 개발을 바탕으로 전력제어 및 산업시스템 소프트웨어 개발 분야에 진출	·소프트웨어 연구개발(R&D) 추진 위해 사내 벤처기업을 별도로 세워 주력사업을 모바일, 인터넷, 컨설팅, SI(시스템통합) 등 4개 분야로 구성하여 사업포트폴리오 구축	·일본사업을 토대로 한국 및 미국 등 6개 자회사를 일궜고, 한국 IT산업의 일본 진출 물꼬를 튼 K-MOVE의 원조
이명식 (주)전주재팬 대표(일본)	·일본내 막걸리 수요증가에 착안 창업	·전주시 막걸리 수출 프로젝트 연계 전주 수출 공략	·한국 막걸리학교 입학, 수업받으며 수출길 개척	·한국-일본-미국, 중국 등 수출시장 확대
정한영 한영 E&C 회장(중국)	·중국지사 폐쇄에 따라 창업의 길 선택	·미국에서 익힌 노하우 활용, 성장 가능성 높은 중국 반도체 클린룸 시장 겨냥 창업	·신용을 바탕으로 2008년 세계 금융위기를 극복하며 무차입 경영 실천 ·평균 3일에 1회 비행기 타며 7개국 법인 관리	·친환경건축 내장재 판넬공장 한국, 베트남으로 확대 ·한국, 베트남, 말레이시아, 필리핀, 몽골, 헝가리 등 7개 법인 설립 신흥시장 공략

창업 이후에는 '파괴적 혁신(Disruptive Innovation)'을 통해 기업 성장의 계기를 마련했다. 차량 KD사업에 진출하면서 불가능에 가까웠던 공장건설의 공기(工期)를 대폭 단축하는 등 외지인으로서 겪어야 했던 4중고를 극복했고(박종범), 기존기업들이 이용하던 모항을 조정하여 하역 거리를 획기적으로 단축해 비용을 3분의 1로 축소했으며(김점배), 전직 회사에서 취급하던 제품과는 다른 새로운 아이템의 제품으로 창업(박상윤)했다. 또한, 소프트웨어 연구개발(R&D)을 추진하기 위해 사내 벤처기업을 별도로 세워 주력사업을 모바일, 인터넷, 컨설팅, SI(시스템통합) 등 4개 분야로 구성하여 사업포트폴리오를 구축(전희배)하고 한국 막걸리학교에 직접 입학해 수업을 받으며 체험을 통해 수출길을 개척(이명식)하였다. 신용을 바탕으로 무차입 경영을 통해 2008년 세계금융위기를 극복(정한영)하는 창업이노베이션을 통해 성장했다. 또한, 오스트리아를 중심으로 동유럽, 아프리카, 한국을 사업적으로 연결하는 글로벌네트워크를 구축한 박종범 회장, 오만을 중심으로 고가업종은 유럽시장으로, 저가 어종은 아프리카 시장으로 판로를 확대한 김점배 회장, 미술 분야에서 한국과 중국 간의 구조적 공백을 연결해 사업적 영역을 확대한 박상윤 사장, 일본 사업을 토대로 한국 및 미국 등 6개 자회사를 일구는 등 한국 IT산업의 일본 진출 물꼬를 튼 K-MOVE의 원조로서 역할을 한 전희배 대표, 한국-일본-미국, 중국 등 세계 각국을 연결해 수출시장을 확대한 이명식 대표, 한국·베트남·말레이시아·필리핀·몽골·헝가리 등에 7개 법인을 설립해 신흥시장을 공략한 정한영 회장의 경우처럼 '구조적 공백(Structural Holes)의 연결'을 통해 창업이노베이션을 이루었다.

그러나 해외 호남인 기업가 또한 디커플링과 같은 창업이노베이션에는 미치지 못한 것으로 판단된다. 박종범 회장의 경우, 관세장벽을 뛰어넘기 위해 완제품을 해체하여 모듈화한 뒤 수출하는 차량KD사업에 진출했지만, 기존에 존재한 제품거래 방식을 따르거나 거래관행을 이해하여 적용했을 뿐 디지털시대에 맞게 고객을 중심에 두고 기존기업이 가진 제품과 서비스에 대한 가치사슬을 끊어내는 창업이노베이션이라고 보기에는 무리가 있다고 판단된다.

2. 기업가정신

해외 출향 호남기업인들 또한 국내 출향 호남인 기업가와 마찬가지로 혁신성, 진취성, 위험 감수성 등 기본 구성요소를 모두 충족하고 있는 것으로 나타났다.

혁신성은 개혁개방 이후 경제개발에 매진하여 새로운 시장개척의 가능성이 큰 동유럽을 새로운 수요처로 공략하고(박종범), 도산한 전직 회사의 부도 원인을 분석하여 획기적인 비용 절감과 수요처를 확보(김점배)했으며, "자기 혼자 또는 자기 가족만 먹고사는 것에 만족하지 않겠다."라는 혁신적 사고를 바탕으로 무역업, 제조업, 미술 판매 및 교류 사업으로 진출(박상윤)했던 사실에서 파악할 수 있다. 또한, 일본시장의 특징인 거래처와 손해를 감수하는 신용을 바탕으로 도시바 등 일본내 세계적 기업들과 거래를 성사(전희배)시켰고, 자색고구마 막걸리와 우리밀 막걸리 등 신제품을 개발(이명식)하고, 클린룸 공사가 동남아지역으로 확대될 것을 예상하여 베트남 하노이에 진출해 시장 확대(정한영)를 통해 관련 분야에 새로운 혁신을 주도했던 점에서도 혁신성을 찾아볼 수 있다. 진취성은 무경험 차량KD사업에 도전(박종범), 최장 시간 원양어선 승선 및 조업 노력(김점배), 기존 중국무역에만 머무르지 않고 장갑용 원사 공장을 설립하여 제조업 분야로 진출(박상윤), 일본 뿐만 아니라 한국, 미국 등 세계 6곳에 지사의 확장(전희배), 일본에 아예 직접 막걸리학교를 설립하려는 노력을 통해 막걸리 수출길 개척(이명식), 클린룸 판넬 공장 중국, 한국, 베트남으로 확대(정한영) 등의 활동에서 나타나고 있다.

위험 감수성은 정치 사회적으로 불안한 아프리카 말리에 진출하여 직원들의 강제 구금 등을 극복하고 군용트럭 2,000대를 수주하고(박종범), 창업과정에서 전 재산을 투자하고도 모자라 빚을 떠안고 업체를 인수하거나(김점배), 미국발 금융위기 상황에서 창업하면서도 전 직장에서 취급하는 화학섬유나 원사 쪽에 의지하지 않고 새로운 분야를 개척(박상윤)한 사례에서 찾아볼 수 있다. 또 언어장벽과 기업문화 차이 등 한국과 일본의 문화와 비즈니스 차이 등을 극복하고 기업적으로 안착(전희배)하고 일본 내에서 포천막걸리가 80% 이상을 선점하고 있음에도 불구하고 전주 막걸리를 통해 도전하면서 미국 등 새로운 수출길을 모색(이명식)하였으며, 삼성반도체 중국지사가 폐업하는 상황에서 미래 중국 내 클린룸 공사가 본격화될 것을 예상하고 도전(정한영)하는 노력에서도 나타나고 있다.

해외 출향 호남인 기업가 역시 기부나 봉사활동 등을 통해 벌어들인 이익을 현지 사회에 환원하는 것은 물론, 현지 한인사회와 모국을 위해 각종 단체에 참가하여 앞장서서 지원하는 사회적 책임성을 보여주었다.

박종범 회장의 경우, 오스트리아에 문화예술기획사를 설립해 유럽문화와 한류문화가 교류할 수 있도록 했다. 오스트리아 한인회장을 맡아 한인문화회관을 건립했을 뿐만 아니라 세계한상인대회장, 니제르명예영사, 민주평통 중동·아프리카 부의장 등을 맡아 모국발전에 기여했으며, 아프리카 5개국에 '평화의 물' '희망의 샘물'을 제공하기도 했다.

김점배 회장은 2010년 소말리아 해역에서 삼호주얼리호가 납치됐을 때 배 수리 및 석해균 선장 부상 치료에 앞장섰다. 아프리카·중동 한상총연합회장, 한인총연합회장, 오만한인회장, 민주평통 중동협의회장 등을 맡아 한인사회와 모국발전에 기여했으며 아프리카 10개국 '평화의 샘물' 공급, 아너소사이어티에 가입하여 고향 장흥군에 기부하는 등 이웃돕기에도 앞장섰다.

박상윤 사장은 중국 상해 미술 전시회 기획 및 전시 무료 봉사, 한국 유학생 대상 멘토링 강의, 조선족 대상 글쓰기 모임 결성 및 운영, 상해 한국도서관 봉사활동, 한인과 조선족에 독서문화전파, 상해 한국상회(한인회) 회장을 맡아 교민 대상 봉사활동 전개 등 다양한 시회적 봉사활동에 참여했다.

전희배 대표는 재일본한인회 고문, 재일한국소프트웨어협회 회장 등 맡아 교민사회 봉사활동을 전개하고 일본 현지의 한국계 IT인재들이 일본에서 활동할 수 있도록 등용문 역할을 하고 있다.

이명식 대표도 전주시와 연계해 막걸리 대일 수출을 주도하고 전주가 막걸리 명소로 자리 잡는데 큰 역할을 했다.

정한영 회장은 상해한인회장, 상해한글학교 재단이사장을 맡아 상해한인회의 위상을 제고하고 국제백신센터 기부, 쓰촨성 지진피해 극복 기부 등 각종 기부활동을 통해 현지 사회발전에 기여하고 있다.

표 12. 해외 출향 호남인 기업가의 기업가정신[11)]

창업가	혁신성	진취성	위험 감수성	사회적 책임성
박종범 영산그룹 회장 (오스트리아)	·사회적 시스템과 경제 구조가 안정된 서유럽보다는 개혁개방 이후 경제개발에 매진한 동유럽 공략	·전혀 경험 없던 차량KD 사업 진출, 촉박한 공기(工期) 등 4중고를 극복하고 성공 ·창업 후 20년 동안 매년 200일 이상 해외 출장 사업정보 획득	·정치사회가 불안한 아프리카 진출, 직원 강제구금 등을 극복하고 군용트럭 2천대 수주 ·신흥국의 정치·경제적 변동성을 고려 '시나리오 경영' 체질화	·오스트리아에 문화예술기획사 설립, 유럽문화와 한류문화 가교 역할 ·오스트리아 한인회장을 맡아 한인문화회관 건립. 세계한상인대회장, 니제르명예영사, 민주평통 중동·아프리카 부의장을 맡아 고국발전에 기여 ·아프리카 5개국 '평화의 물' '희망의 샘물' 제공
김점배 알카오 스트레이딩 회장 (오만)	·도산한 전직 원양어업회사 부도 원인 분석, 운송비용을 대폭 단축하기 위해 모항 이동 ·고가어종은 유럽시장, 저가어종은 아프리카 시장을 겨냥한 판로 다변화 및 확대	·고교졸업 전 원양어선 승선, 30개월 1회 승선 뛰어넘어 연속 2회 60개월 승선 ·"전문대 출신이다"를 극복하기 위해 2배 더 노력	·창업 당시 전 재산 투자하고도 모자라 빚 떠안는 조건으로 배 2척을 인수하여 창업 ·해적 준동하는 소말리아 해역에서 조업에도 불구하고 현지실정 맞게 대처 사고 전무	·삼호주얼리호 피랍 때 배 수리 및 석해균 선장 부상 치료 앞장 ·아프리카·중동 한상총연합회장, 오만한인회장, 민주평통 중동협의회장 역임 ·아프리카 10개국 '평화의 샘물' 공급 ·불우이웃돕기 아너소사이어티 가입. 고향 장흥군에 매년 기부 '자랑스러운 장흥군민의 상' 수상

11) 이 표는 해외 출향 호남인 기업가의 기업가정신에 관한 내용을 연구자가 작성하였다.

창업가	혁신성	진취성	위험 감수성	사회적 책임성
박상윤 상해상윤무역 유한공사 대표 (중국 상해)	·창업 때 "자기 혼자 또는 자기 가족만 먹고사는 것에 만족하지 않겠다."라는 혁신적 사고를 바탕으로 무역업+제조업+미술품 판매 및 교류사업 분야에 진출	·기존 중국무역 중심에 머무르지 않고 장갑용 원사 공장을 설립, 제조업에 진출 ·미술 분야로 활동영역 확대	·2008년 미국발 금융위기 상황에서 창업하면서도 전 직장에서 취급하는 화학섬유 및 원사 쪽에 의지하지 않고 새로운 분야 개척	·미술 전시회 기획 및 전시 무료 봉사 ·한국 유학생 대상 멘토링 강의로 재능 기부 ·조선족 대상 글쓰기 모임결성 및 운영 ·상해 한국도서관 봉사활동 전개 ·한인과 조선족에 독서문화 전파 ·상해한국상회회장을 맡아 교민소통 공간 마련
전희배 키스코 재팬대표 (일본)	·거래처와 손해를 감수하는 신용을 바탕으로 도시바 등 일본내 세계적 기업들과 거래 성사	·일본뿐만 아니라 한국, 미국 등 세계 6곳에 지사 확장	·언어장벽, 기업문화 차이 등 한국과 일본의 문화와 비즈니스 특징 등을 극복하고 기업적 안착	·재일본한인회 고문, 재일한국소프트웨어협회회장 등 맡아 교민사회 봉사활동 ·일본 현지의 한국계 IT인재들에 등용문 역할
이명식 (주)전주재팬 대표(일본)	·자색고구마 막걸리와 우리밀 막걸리 등 신제품 개발	·일본에 직접 막걸리 학교 설립 노력 등 막걸리 수출길 개척	·일본 내 포천막걸리 80% 이상 선점에도 불구하고 진출, 미국 등 새로운 수출길 모색	·전주시와 연계해 막걸리 대일수출주도, 전주 막걸리 명소 구축
정한영 한영 E&C 회장 (중국)	·클린룸 공사 동남아지역으로 확대를 예상하고 베트남 하노이에 진출 시장 확대 대응	·판넬 공장 중국, 한국, 베트남 확대 ·무차입경영 실천하며 중국, 한국, 베트남 등 7개국 법인 설립	·삼성반도체 중국지사를 폐업하는 상황에서 미래 중국 내 클린룸 공사 본격화를 예상하고 도전	·상해한인회장, 상해한글학교 재단이사장을 맡아 상해한인회 위상 제고 ·국제백신센터 기부, 쓰촨성 지진피해 극복 기부 등

제3절 '사회적 책임성'을 선도한 해외 출향 호남인

출향 호남인 가운데는 일본에서 사업으로 성공을 거둔 이후 한 - 일 문화교류에 앞장서거나 한국에서의 사회 봉사활동을 일본으로 확장시켜 한인사회뿐만 아니라 일본인들의 사회복지 향상에 이바지한 인물이 많다. 이른바 사회적 책임성에 중점을 두고 모국 발전뿐만 아니라 일본 사회 발전을 견인한 인물들이다. 그중에서 대표적인 인물이 하정웅 수림문화재단 이사장과 윤기 '고향의 집' 이사장이다. 이번 절에서는 이들을 통해 기업가 혹은 사회사업가로서 사회적 책임성을 실천한 사례를 소개한다.

01.

하정웅(河定雄) (재)수림문화재단 이사장(일본)

가. 하정웅(河正雄) 선생의 고향 방문과 기부

하정웅(동강東江)은 1939년 일본 히가시오사카시에서 태어났다. 재일동포 미술컬렉터, 비평가, 평론가, 사업가로 활동하고 있다. 40년간 수집한 미술품 1만 점을 공공미술관에 기부했다. 그의 부모는 영암의 가난한 농가에서 태어나 자랐다. 부친(하헌식)은 1927년 일본 아키타에서 막노동자로 일했고, 모친(김윤금)은 1938년 일본으로 건너갔다.

사진 42. 수림문화재단 하정웅 이사장

아키디(秋田)는 일제강점기 수많은 징용자가 끌려와 타자와코(田澤湖) 수력발전소를 건설한 곳이다. 어려서부터 그림을 잘 그린 하정웅은 가난한 살림 때문에 화가의 꿈을 포기해야 했다. 아키타공고(秋田工高)를 졸업하고 사회에 진출했지만 자이니치(在日)라는 차별이 심했다. 하지만 꿋꿋하게 자신의 꿈을 향해 노력하며 같은 처지의 부인(윤창자)과 결혼해 가정을 일군다. 1964년 도쿄 올림픽이 열리고 일본인들이 앞다퉈 컬러TV로 교체하는 붐이 일면서 당시 전자 대리점을 운영하던 하정웅은 사업가로 성공 가도를 걸었다. 이때부터 그는 성공하여 모은 돈으로 자신의 못다 이룬 꿈을 위해 그림을 사기 시작했다.[12)]

이런 하정웅 선생이 처음으로 부모의 고향인 영암을 방문한 것은 지난 1973년이다. 모친과 2살부터 4살까지 잠시 머문 적은 있었지만, 실질적으로는 첫 귀향이었다. 부친이 생애 한 번만이라도 고향에 가고 싶다는 간절한 청 때문에 이뤄졌다.

---

12) 하정웅 미술관, 영암 군민신문 2019년 3월 15일자 : http://www.yanews.net(검색일 2019.06.26.).

표 13. 하정웅 선생 고향 사랑 기부활동[13)]

경 력	기증 활동	상 훈
· 1993년 10월 8일-광주시립미술관 하정웅 컬렉션 상설전시관 개관 · 1995년 5월 10일-제1회 광주비엔날레 조직위원회 명예위원 · 1996년 9월 25일-재일한국인 문화예술협회 제3대 회장 취임 · 1996년 10월 1일-제2회 광주비엔날레 조직위원회 해외 명예 위원위촉 · 2000년 2월 17일-2000 광주비엔날레 명예홍보대사 위촉 및 기획전시 위원 위촉 · 2001년 9월 5일-광주시립미술관 명예	· 1993년-광주시립미술관에 미술 작품 212점 기증 · 1998년-광주광역시 5·18 광주민주화운동 성지에 느티나무 200그루 식수 · 1999년-광주시립미술관에 미술 작품 471점 제2차 기증 · 2003년-광주시립미술관에 미술 작품 1,182점 제3차 기증 · 2008년-광주시각장애인협회 주차용 회관 토지 구입 기부(66.2㎡) · 2008년-영암군(727점), 조선대학교(72점) 도갑사(42점)에 작품 기증	· 1988년-제9회 맹인 복지의 날 국무총리상 · 1990년-제11회 한국 맹인 복지의 날 맹인 복지 공로상 제1호 · 1993년-광주광역시 명예 시민증 · 1994년-국민훈장 동백장 · 1997년-서울특별시 명예 시민증 · 2009년-전라북도 명예도민증서, 부산광역시 명예 시민증 · 2012년-보관문화훈장

13) 위키백과 하정웅: https://ko.wikipedia.org/wiki/%ED%95%98%EC%A0%95%EC%9B%85(검색일 2019.06.26.).

경 력	기증 활동	상 훈
관장으로 위촉 · 2003년 7월 21일-조선대학교 미술학 명예박사학위 수여 · 2007년 3월 31일-영암군 홍보대사 위촉 · 2012년 2월-수림문화재단 이사장 위촉 · 2012년 3월 8일-부산시립미술관 하정웅 조각상 제막 · 2012년 4월 30일-광주광역시 중외공원 내 '하정웅 명예도로' 명명	· 2008년-전북도립미술관에 미술 작품 122점 기증 · 2008년-이방자 여사 유품 684점, 주일 한국대사관 문화원에 기증 · 2009년-전라북도도립미술관에 미술 작품 124점 제2차 기증 · 2009년-대전시립미술관에 미술 작품 208점 기증(제2차 6점, 2009.3.21일 기증) · 2009년-부산시립미술관에 미술 작품 120점 제2차 기증 · 2009년-부산시립미술관에 미술 작품 196점 제3차 기증 · 2010년-광주시립미술관에 미술 작품 357점 제4차 기증 (1～4차 총 2,222점) · 2011년-포항시립미술관에 317점 기증	

하정웅은 부친과 함께 가정 먼저 조상이 잠들어 있는 묘소를 찾았다. 이때 그는 부모의 고향인 영암이 바로 자기 뿌리이자 고향이라는 것을 뼈저리게 느꼈다고 한다. 그로부터 2년 후 부친은 "고향에 돌아가고 싶다."라는 유언을 남기고 운명했다. 하정웅은 이때부터 본격적으로 재일한국인의 삶과 역사를 조명하기 시작했다고 회상한다. 그것은 자신과 같은 처지인 재일한국인들의 두 개의 조국, 한국과 일본의 가교역할을 하는 것이기도 했다.

하정웅의 고향에 대한 기부활동은 1981년 도갑사에 처음 석등을 설치하면서부터다. 이후 1991년 일본 왕인 라이온스클럽과 함께 왕인박사 유적지에 벚나무 200그루를 기증 식수했고, 1996년에는 느티나무 200그루를 기증하는 등 꾸준히 계속되었다.

나. 하정웅 컬렉션의 '삶과 역사'

하정웅의 메세나(Mecenat) 정신이 담긴 '하정웅 컬렉션'의 시작은 지난 1982년 재일한국인사회에서 가장 저명한 원로 화가였던 전화황(1909년~1996년)의 화업 50주년을 기념하는 전시를 한국과 일본에서 순회전 형식으로 개최하면서부터이다. 당시 전화황 작품은 한국에서 한 번도 전시가 열린 적이 없었고, 한국의 미술계에 작품이 전혀 소개되지 않아 누구도 알지 못했다. 그가 평안남도 출신이고 총련에 가담해 한국방문이 매우 어려웠던 것도 이유였다. 그의 작품을 전시할 수 있었던 것은 당시 정치적 상황이 완화되고, 그가 서울대 음악대학장을 지낸 첼리스트 전봉초 선생과 친형제 간이라는 사실이 널리 알려졌기 때문이다.

하정웅은 전시와 작품 수집을 통해 이국땅에서 희생된 불운한 재일 한국인들의 삶을 위로하는 기도의 미술관을 자신이 살았던 제2의 고향 타자와코에 건립하려 했으나 한일관계 악화 등의 이유로 무산되고 말았다. 바로 그때 광주시립미술관이 지어지고 당시 차종갑 관장과 오승윤 화백 등 지역작가 몇분이 작품 기증을 요청해오자 1993년 전화황 작품을 비롯해 한국 1세대 서양화가 작품인 하정웅 컬렉션 212점을 기증하면서 그의 메세나(Mecenat) 운동이 시작되었다.

광주시립미술관에 2,500여건, 영암군립하정웅미술관에 3,801건, 국립고궁박물관에 영친왕과 영친왕비 유품 600여건, 부산시립미술관에 290여건, 포항시립미술관에 300여건, 대전시립미술관에 200여건, 대구시립미술관에 40여건, 전북도립미술관에 120여건, 이밖에 이응노미술관, 대담미술관, 일본 타자와코 도서관과 아사카와 타쿠미 기념관, 아키타센보쿠시미술관 등 국내외 박물관 및 미술관에 지금까지 15,000 건의 미술품을 기증했다.

다. 고향 사랑·메세나(Mecenat) 정신이 깃든 河미술관

영암군립하정웅미술관은 이처럼 하정웅 선생의 끊임없는 고향 사랑과 메세나 정신이 만들어낸 기념비와도 같다고 할 수 있다. 더구나 고향 남도의 끝자락 작은 시골에 어느 대형미술관 부럽지 않은 공립미술관이 지어지기란 쉽지 않은 일이라는 점에서 더욱 값지다.

하정웅 선생은 최근 일부에서 그의 메세나(Mecenat) 활동에 의문을 제기한 데 대해 상당한 충격과 함께 많은 실망을 한 것으로 전해진다. 하지만 영암군만을 놓고 볼 때도 그가 기증한 3,801점의 미술품은 어떤 대가도 없이 고향에 보내졌고, 공립미술관이 건립되는 계기가 되었다. 앞으로 군민 모두의 문화공간으로 활용되는 길을 열었다는 점에서 하정웅 선생의 고향 사랑과 메세나(Mecenat) 정신은 높이 평가받을 만하다.

특히 영암군은 이제 하정웅 컬렉션을 잘 보존하고 폭넓게 활용해 영암군민들이 가장 사랑하는 문화공간으로 만들어야 할 책임을 지게 되었다. 어느 게스트하우스에 새로 붙여진 당호인 '명로당(明露堂)'이 뜻하는 것처럼 향후 하정웅 선생의 고향 사랑과 메세나(Mecenat) 활동을 '명력력 노당당(明歷歷 露堂堂)' 하게 밝히고 미술관 경영철학으로 삼아 제2, 제3의 메세나(Mecenat) 활동가가 우리나라에 많이 양성될 수 있도록 교육하는 공간으로 활용되기를 기대한다.

02.

윤기(尹基) '고향의 집' 이사장(일본)

한국에서 '고아들의 어머니'라고 불리던 일본인 어머니와 사회사업에 일생을 바친 공생원(共生院)의 목사인 한국인 아버지와의 사이에 태어난 윤기(尹基) 이사장은 그 정신으로 2016년 일본 도쿄에 노인 홈 '고향의 집'을 도쿄에 개관하였다. 윤기 이사장은 목포에서 태어났다. 목포 공생원이 그의 집이었다. 그곳에서 고아 원아들과 함께 자랐다. 목포 중고등학교를 나와 중앙신학대(현재 강남대학) 사회사업학과를 졸업했다. 1968~1977년까지 목포 공생원 원장을 역임했다. 1977년 사회복지법인 목포 공생원이 공생복지재단으로 개편되면서 회장으로 봉사했다. 1982년 공생복지재단 도쿄사무소를 개설한 뒤 1989년 일본 오사카부(府) 사카이시에 재일동포 고령자를 위한 노인 홈 '고향의 집'을 설립했다. 이후 오사카, 고베, 교토 등 네 곳에 '고향의 집'을 건립했다.

2000년 마이니치(每日) 신문사로부터 사회복지상을 수여했고, 2006년 호암재단으로부터 제16회 호암상(사회봉사 부문)을 수상했다. 2007년 국민훈장 동백장, 2010년 사카이시 제정 제2회 자유도시·사카이 평화공헌상 대상(大賞)을 받았다. 현재 일본 사회복지법인 '마음의 가족' 이사장, 숭실공생복지재단 명예회장이기도 하다. 저서로 ≪어머니는 바보야≫(홍성사), ≪김치와 우메보시≫(예지), 역서 ≪괴짜 총리 고이즈미, 흔들리는 일본≫

사진 43. 2009년 한일 기독의원연맹 창립 10주년 기념식에서 한일평화선교 대상을 수상한 윤기 이사장(중앙)

(예지), ≪고령 사회 이렇게 살아보세≫(공생복지재단) 등이 있다.

윤기 이사장은 '목포 공생원'을 운영하면서 '한국 고아의 어머니'로 불려온 다우치 치즈코(田内千鶴子)의 아들로, 재일동포가 일본에서 편안하게 여생을 보낼 수 있도록 돕기 위해 지난 1988년 일본 오사카에 사회 복지 법인 '마음의 가족'을 세우고 운영해왔다.

1988년 윤기(尹基) 이사장이 세운 일본의 사회복지법인 '마음의 가족(こころの家族)'은 한국 땅에서 고아들을 위해 한평생을 보내신 윤학자(田内千鶴子) 여사의 뜻을 이어받아 민족과 국경을 초월하여 더불어 사는 공생사회 만들기를 목표로 고령자 아동 장애인 등 소외계층에 대한 복지시책 및 국제복지문화교류

사업을 위해 설립되었다. '마음의 가족'은 개설 이후 재일동포 고령자뿐만 아니라 일본인 고령자에게도 서비스를 제공하는 등 지역 주민과의 다양한 교류 활동을 통해 한일 민간교류에 기여해왔다는 평가를 받았다. '마음의 가족'은 도시화, 핵가족화, 산업화, 기계화에 밀려 정든 고향, 따듯한 가정, 남을 생각하는 마음의 여유를 잃어버린 현대인을 위해 '마음의 가족'이라는 끈을 이어가는 일을 목표로 하고 있다. 가정의 따뜻함을 모르고 자라는 아이들에게 꿈과 희망을 심어주고 외로운 노후를 보내는 노인들에게 위로와 평안을 주는 사랑실천 운동의 하나이다. 윤기 대표의 '고향의 집'의 건립도 '마음의 가족' 실천 운동의 일환으로 시작되었다.[14)]

그리고 윤기 이사장은 1989년 오사카 인근 사카이시에 처음으로 '고향의 집(故郷の家)'을 설립했고 이어서 오사카, 고베, 교토, 도쿄 등 5곳에 재일동포 노인을 위한 요양시설을 갖추어 재일동포 등 500여 명을 지원하고 있다.

---

14) 실버산업, 실버정보 2006년 7월 19일자 "사회복지법인 '마음의 가족' 이사장 윤기": http://blog.daum.net/hanmailhan/4963822(검색일 2019.07.09.).

제7장

맺음말

CHAPTER 7

맺음말

이 책은 한국 경제발전에 이바지한 호남 출신 기업가들에 관한 연구가 거의 없다는 가정에서 출발하고 있다. 따라서 이 책의 목적은 한국 경제발전 과정에서 경제개발의 소외지역에 살았던 호남 출신 청년들이 인적·물적 측면에서 경제적 기반이 약했던 호남에서 다른 지역으로 이동하여 어떻게 기업을 창업했고 어떤 기업가정신과 창업이노베이션을 바탕으로 성공한 기업가로 자리 잡았으며, 한국 경제발전에 어떻게 기여했는지를 고찰하는 데 있다. 이 책의 중심 내용은 한국의 비약적인 경제성장 과정에서 한국경제를 선도적으로 견인했던 재벌과 대기업 창업가들의 역할도 중요하지만, 국내외 기업현장에서 비록 소규모 영세창업을 했지만, 창업이노베이션과 투철한 기업가정신을 발휘하여 국가경제발전에 이바지한 호남 출신 기업가들의 역할도 중요했다는 점을 강조하였다. 이 책에서 호남인 기업가는 기본적으로 호남지역에서 출생하여 국내외 타 지역으로 이동하여 창업한 사람들을 지칭하는 개념으로 사용하였다.

이 책의 연구 방법은 호남 출신 기업가를 대상으로 인터뷰조사를 통해 그들의 창업이노베이션과 기업가정신 사례를 수집하고 분석하는 방식으로 진행하였다. 연구분석 내용을 정리하면 다음과 같다.

국내외 출향 호남인 기업가의 창업동기는 국내의 경우 한국의 경제성장에 따라 예상되는 수요를 겨냥하고 사업에 뛰어들었다. 해외의 경우는 외국에서 법인장이나 주재원 등으로 재직하던 시절 익힌 숙련된 경험을 해외 현지 사회에 접목하여 사업목표를 달성하려는 목적에서 창업한 것으로 나타났다. 또한, 출향 호남인 기업가 대부분은 창업과정에서 공통으로 틈새시장을 공략하여 창업하였다. 이는 출향 호남인 기업가 모두 현지사회에서 사회적 약자의 처지에 있었기 때문에 현지 기존기업들의 틈새시장을 개척할 수밖에 없었던 상황을 고려한 결과로 생각된다.

국내외 출향 호남인 기업가의 창업이노베이션의 내용을 보면, 단일 업종을 통해 기업성공을 거둔 출향 호남인 기업가는 업종의 성격에 따라 파괴적 혁신이나 구조적 공백의 연결 가운데 한 가지의 혁신방법을 적용하여 성장했지만, 타 업종으로 사업을 확대한 호남인 기업가의 경우는 두 가지 혁신방법을 모두 동원하여 성장한 것으로 나타났다. 해외 출향 호남인 기업가의 경우 다양한 상황에 직면하여 기업을 성장시켜야 했기 때문에 창업이노베이션 내용으로 파괴적 혁신과 구조적 공백의 연결을 동시에 병행하여 성공한 것으로 파악되었다.

호남인 기업가의 기업가정신의 내용을 보면, 국내외 출향 호남인 기업가 모두 혁신성, 진취성, 위험 감수성을 모두 충족시키면서 기업가로 성장했고, 기업성공을 거둔 후에는 모두 사회적 책임성을 다하는 특징을 보여주었다. 이상과 같이 출향 호남인 기업가의 창업이노베이션과 기업가정신의 결과를 종합하면 다음과 같다.

첫째, 출향 호남인 기업가는 자신이 태어나고 자란 고향을 떠나 타 지역으로 이동하여 창업과정에서 사회적 약자의 처지에 있었기 때문에 현지 사회와 현지 기존기업의 틈새시장 공략을 통해 창업한 것으로 나타났다.

둘째, 출향 호남인 기업가는 혁신적인 기술개발 등 '파괴적 혁신'을 통해 기업의 독자적인 위상을 정립하거나 '구조적 공백의 연결'을 통해 새로운 시장을 개척하는 등의 지속적인 창업이노베이션을 통해 성장한 것으로 나타났다.

셋째, 출향 호남인 기업가는 불리한 창업 조건이나 현실을 극복하고 새로운 수요를 창출해낼 수 있는 혁신적인 아이디어를 지속해서 개발하고, 새로운 시장을 개척하려는 진취적인 자세, 국내외 불확실한 경제 및 사회 환경 속에서도 끊임없이 도전하는 기업가정신을 발휘한 것으로 나타났다.

넷째, 출향 호남인 기업가는 사업적으로 성공을 거둔 후에는 타 지역에서 동향인(同鄕人)들로 구성된 향우회에 가입하여 향우들을 상호 지원하고 고향 발전을 위해 각종 기부금이나 장학금을 기부하는 나눔의 정신을 실천하였다. 해외 거주 호남인 기업가의 경우 현지 한인회장, 민주평통자문회의 해외지부 임원 등을 맡아 한인사회의 화합과 통합, 한류 문화의 교류와 매개자 역할, 조국의 통일운동 지원활동 등을 위해 국가와 지역사회발전에 솔선수범하는 사회적 책임성을 다한 것으로 나타났다.

다섯째, 출향 호남인 기업가는 해외 현지 상공회의소회장, 한상(韓商) 관련 단체 임원 등으로 참여하여 한국과 해외 현지 국가 간 경제 및 투자 협력의 중개자 역할을 담당했고, 본인들도 직접 모국에 지속해서 투자 활동을 전개하여 한국의 경제발전에 크게 기여한 것으로 나타났다.

이상과 같이 출향 호남인 기업가는 끊임없이 창업이노베이션과 기업가정신을 발휘하여 개인회사의 경제적 성장뿐만 아니라 모국의 경제발전을 견인하는 한 축을 담당하여 한국이 경제 대국으로 성장하는 데 중요한 역할을 담당했다. 또한, 나눔 정신의 실천, 한국문화의 교류, 평화통일 기반 조성 등을 통해 한국의 위상을 높이는 데 기여한 것으로 나타났다. 출향 호남인 기업가가 기업가정신을 발휘하여 한국의 발전에 기여할 수 있었던 것은 죽음도 두려워하지 않은 절박했던 '헝그리정신'과 국가나 사회가 어려움에 직면했을 때 분연히 일어섰던 '호남정신'이 그 기저에 깔려있었기 때문에 가능했던 것으로 생각된다. 그 정신의 밑바탕과 글로벌 호남인의 연대의 기저에는 5·18 광주민주화운동이 자리하고 있다는 사실을 이 책을 통해서 살펴보았다.

이 책은 이러한 연구 결과를 바탕으로 한 나라가 경제적으로 발전하기 위해서는 정부 차원의 경제개발 의지와 정책적 지원도 중요하지만, 출향 호남인 기업가가 그랬던 것처럼 기업가 개개인의 창업이노베이션과 혁신적 파괴의 기업가정신이 국가경제발전에 크게 기여한다는 사실을 분명히 보여주고 있다. 또한, 경제개발과정에서 경제적 성장을 담보하기 위해서는 미래의 혁신기업으로 성장할 가능성이 큰 소규모 영세자영업체 뿐만 아니라 중소기업에 관한 관심과 지원정책이 필요하다는 점을 시사하고 있다.

향후 출향 호남인 기업가는 급변하는 글로벌 경제의 흐름에 합류하여 기업 성장을 유지하고 한국 경제발전에 지속적으로 이바지하기 위해서는 과거의 기업경영 방식을 탈피하여 새롭게 등장하고 있는 혁신적인 비즈니스모델을 도입하여 적용하려는 노력이 필요하다는 과제도 던져주고 있다.

이 책은 출향 호남인 기업가가 한국경제발전에 이바지한 공헌에 대하여 국내외 호남 출신 기업가를 대상으로 인터뷰한 조사결과에 의존하고 있다는 점에서 연구 결과에 많은 한계를 내포하고 있다. 향후 연구에서는 전 세계에 거주하는 호남 출신 기업가를 대상으로 국가별 거주 지역별 사례조사를 확대하고 한국경제발전에 공헌한 그들의 업적을 구체적으로 기억하고 채록하는 작업이 되기를 기대한다.

참고문헌

■ 국내

기홍석(2020), 「기업가정신 및 창업지원 정책이 창업 의도에 미치는 요인에 관한 연구 : 창업자기효능감과 창업실패부담감의 매개 효과를 중심으로」, 숭실대학교 대학원.

강광하(1997), 「경제개발5개년계획」, 서울대학교경제연구소, 경제논집.

강덕균(2021), 「한국의 경제발전과 출향 호남기업인의 역할: 창업혁신과 기업가정신을 중심으로」, 전남대학교 대학원.

강덕균(2020), 『산업화·민주화시대 우리는 주역이었다』, 로뎀나무.

강덕균(2014), 『광주·전남 출신 47인 인생스토리 전라도人』, 전남일보사.

김영수(2019), 『기업가정신 : 이론과 실천』, 학현사.

김일태·임영언(2020), 『사회적 경제와 소셜이노베이션』, 전남대학교출판문화원.

김동균외(2015), 『창업과 기업가정신』, 도서출판 대경.

나가노 신이치로(永野愼一郎)(2010), 『한국의 경제발전과 재일한국기업인』, 말·글빛냄.

남정민 외(2014), 『기업가정신과 창업』, 도서출판 북넷.

배묘정(2020), 「노래 부르기의 정치학 : <임을 위한 행진곡의 제창·합창 논란에 대한 수행적 관점의 분석>」 서강인문논총 59집.

변형윤(2012), 『한국경제발전의 역사』, (주)지식산업사.

이민송(1990), 「한국의 급격한 이촌향도형 인구이동과 농촌경제」, 한국개발연구원 제12권 제3호.

임영언 외(2019), 「사회적경제와 디아스포라경제의 비교고찰 : 일본 호남 한상인 창업방법과 기업가정신 사례분석」, 재외한인연구.

임영언·박석강·김일태(2020), 「창업 혁신과 글로벌 기업가정신에 관한 연구 : 재일동포기업가 김희수(金熙秀)를 중심으로」, (사)한일경상학회, 한일경상논집 제88권.

송병락(1984), 『한국경제론』, 박영사.
정창영(1997), 『경제발전론』, 법문사.
정광일(2017) 『카톡 총장 정광일 거시기 보고서』, 도서출판 정인, pp.32～33.
조재호(2014), 『한국의 경제발전과 기업가정신』, 울산대학교출판부.
조창현(2018), 「기업가정신과 경영성과의 관계에서 조직 시민행동과 성과측정 시스템의 역할에 관한 연구」, 단국대학교 대학원.
클레이튼 크리스텐슨·마이클 레이너(역자 딜로이트컨설팅 코리아) (2005), 『성장과 혁신』, 세종서적.
탈레스 S. 테이셰이라(2019), 『디커플링 DECOUPLING』, 인플루엔셜.
하광훈(1993), 「한국의 이농현상과 농촌사회구조의 변모」, 고려대학교.
황상석(2019), 『2019 세계 속의 글로벌 한국인 리더』, 청해(푸른지식).
황상석(2018), 『장보고의 후예 한상의 영웅들』, 남도기획.

■ 국외(일문)

李洙任編著(2012) 『在日コリアンの経済活動一移住労働者、起業家の過去·現在·未来』 不二出版.
猪狩章編著(1980), 『光州80年5月-つかの間の春の虐殺』, すずさわ書房。
石井清司(1980), 『ドキュメント金大中裁判』, 幸洋出版。
神谷康介(1980), 『三一〇日の韓国と大統領全斗渙』, 真世界社。
キリスト教新聞社(1990), 『キリスト教年鑑1990年版』。
統一評論社編集(1980), 『この民生かす統一よ来たれ』, 創樹社。
『世界から』編集委員会(1980), 『光州民衆の決起韓国1980年5月』, アジア太平洋資料センター。
民団中央本部宣伝局編(1980), 『「光州事態」の真相はなにか？』, 東京 :在日本大韓民国居留民団中央本部。
民族統一新聞社編(1980), 『死を賭けた韓国学生の青春』, エール出版社。
山本剛士(1980), 『ドキュメント韓国は激動する』, 教育社。
『サンケイ新聞』 1980年8月5～22日, 柴田穂, 『続模索する韓国·光州暴動』 産経新聞。
朝鮮問題研究所(1980), 1980年7月号 『月刊朝鮮資料』。
『朝鮮研究』 1980年8月号 「日本の新聞が伝えた光州事件」。
『現代コリア』 1988年4月号。

『現代コリア』1985年5月号「光州事件·『引き裂かれた旗』の真相は···」。
『諸軍!』1988年7月号, 文芸春秋社。
『韓国通信』第56号 1980年6月20日。
『朝日新聞』1980年5月28日『光州は武力で制圧できたのか』。
在アメリカ ニューコリア·タイムズ 1980年6月7日『米国は果たして我々の友か』。
『世界』1980年7月号『T·K生』。
『人民日報』1980年5月20日『南朝鮮学生と市民が反動当局の『非常戒厳令』とものともせずにひきつづきデモ、あかいらい警察署を襲撃』。
『中央公論』1980年7月号『光州市騒乱の背景にあるもの』。
『朝鮮時報』1980年6月23日論説『光州の真実を歪めるもの』。
『プラウダ』1980年5月29日。
『毎日新聞』1980年5月22日『悪化一途の韓国政情を憂う』。
『ロンドン·タイムズ』1980年6月22日社説。
『読売新聞』1980年5月28日『危険な事態に陥った韓国』
『ワシントン·ポスト』1980年6月22日社説。

■ 국외(영문)

Barth, Fredrik(2000), 『Economic Spheres in Darfur』, Richard Swedberg ed., Entrepreneurship : Social Science View, Oxford University Press, pp.139-165.

Benedict Anderson(1983), 『Imagined Community : reflections on the origin and spread of nationalism』, London : Verso, pp.6-7.

Burt, Ronald(1992), 『Structural Holes: The Social Structure of Competition』, Harvard University Press.

DiMaggio, Paul(1990), 「Cultural Aspects of Economic Action and Organization」, 『In Beyond the Marketplace』, edited by R. Friedland and A. F. Robertson. Aldine de Gruyter, p.130.

Granovetter, Mark(1973), "The Strength of Weak Ties," *American Journal of Sociology* 78, pp.1360-1380.

Light, Ivan H.(1972), 『Ethnic Enterprise in America : Business and Welfare-Among chinese, Japanese and blacks』 Berkeley CA : University of California press.

Miller, D.(1983) "The correlates of entrepreneurship in three types of firms," *Management Science*, vol. 29(7), pp.770-791.

Portes, Alejandro(1998), "Social Capital: Its Origins and Applications in Modern Sociology," *Annual Review of Sociology* 24, pp.1-24.

Schumpeter, Joseph A.(1911), "Entrepreneurship as Innovation," Richard Swedberg ed., 『Entrepreneurship : Social Science View』 Oxford University Press, pp.51-71.

Waldinger, Roger(1989), "Structural Opportunity or Ethnic Advantage? Immigrant Business Development in New York," *International Population Migration Review* 23(1), pp.48-72.

■ 기타

매일경제, 2019년 10월 22일자, 글로벌 시장 누비는 한상들 "도전하는 청년만이 기회 잡는다" : https://www.mk.co.kr/news/economy/view/2019/10/855722/(검색일자 : 2021.1.31).

전남일보, 2014. 05. 11.「호남인맥」1-26회, 각 회 경제계편.

전남일보, 2012. 11. 01. 7면「전일초대석」, https://www.jnilbo.com/view/media/view?code=2012110100000040203769 2 (검색일자 : 2021.1.31).

전남일보, 2013. 08. 08. 7면「전일초대석」, https://www.jnilbo.com/view/media/view?code=20130808000000423359302 (검색일자 : 2021.1.31).

전남일보, 2018. 06. 25~29. 18면「나의 삶, 나의 도전」박형문 편.

Topclass, 2017년 6월호, "희망의 땅은 '신뢰와 끈기'가 만든다" : https://topclass.chosun.com/board/view.asp?catecode=L&tnu=201706100017 (검색일자 : 2021.1.31).

찾아보기

ㅅ

ㅇ

ㅌ

ㅍ

ㅎ

기타

저자소개

■ 김일태 (金逸泰)

미국 조지아대학교 경제학박사
전남대학교 연구석좌교수 겸 명예교수
일본응용경제학회 「Studies in Applied Economics(응용경제학연구)」 편집위원
담양대나무축제위원회 위원장
전) 농림축산식품부 농업유산자문위원회 위원
전) 국토교통부 중앙도시계획위원회 위원

주요 연구실적

"기술혁신이 지역경제성장에 미치는 영향 분석: 횡단면 의존성과 지역별 이질성을 고려하여", 한국지역경제연구, 19(2), 2021. (공저)

『Applied Economic Analysis of Information and Risk』, Springer Nature, 2020. (공저)

『사회적경제와 혁신성장』, 전남대학교출판문화원, 2021. (공저)

"Regional Total Factor Productivity and Local Employment Growth : Evidence from Korea," *Asia-Pacific Journal of Regional Science*, 1(2), 2017. (공저) 외 다수

■ 강덕균 (姜德均)

전남대학교 대학원 경제학석사
전) 전남일보 편집국장, 서울취재본부장

주요 연구실적

『광주·전남 출신 47인 인생스토리 전라도人』 2014, 전남일보사.

『방방속속 생활SOC 재발견』 2019, 대통령직속 국가균형발전위원회, (공저).

『산업화·민주화시대 우리는 주역이었다』 2020, 로뎀나무.

"글로벌 창업과 기업가정신 – 호남 기업인의 사례 –", 재외한인연구, 제57호, 2022.05. (공저)

■ 임영언(林永彦)

일본 조치대학(上智大學) 경제사회학박사
조선대학교 국제티앤커피문화학과 겸임교수
전남대학교 정책대학원 강사
현) 재외한인학회장
전) 전남대학교 세계한상문화연구단 연구교수

주요 연구실적

『韓国人企業家：ニューカマーの起業過程とエスニック資源』長崎出, 2004.
『재일코리안 기업가: 창업방법과 민족네트워크』, 한국학술정보(주), 2006.
『재일코리안 기업의 형성과 기업가정신』, 북코리아, 2015.
『일계인 디아스포라의 초국가성과 다중정체성』, 북코리아, 2019. (공저)
『사회적경제와 소셜이노베이션』, 전남대학교출판문화원, 2020. (공저)
『사회적경제와 혁신성장』, 전남대학교출판문화원, 2021. (공저)
『재일코리안 기업의 성장과 모국 기여활동』, 도서출판 선인, 2021.

■ 박석강(朴錫强)

일본 도쿄(東京)대학교 경제학박사
전남대학교 글로벌비지니스학부 교수
현) 한국산업경제학회장

주요 연구실적

"금융시장에서 담보가 기업의 자금조달선택에 미치는 영향에 관한 연구," 국제지역연구, 제22권 제3호, 2018.
"Shadow Banking System과 금융시스템의 안정화에 관한 연구," 한일경상논집, 제80권, 2018 외 다수.
"창업혁신과 글로벌 기업가정신에 관한 연구," 한일경상논집, 제88권, 2020.

호남인 기업가의 창업과

글로벌 기업가정신

START-UP INNOVATION AND GLOBAL ENTREPRENEURSHIP OF HONAM ENTREPRENEUR

2023년 2월 5일 인쇄
2023년 2월 10일 발행

지은이 | 김일태·강덕균·임영언·박석강
펴낸이 | 정성택

펴낸곳 | 전남대학교출판문화원
주소 | 61186 광주광역시 북구 용봉로 77
전화 | (062) 530-0571~3 팩스 | (062) 530-0579
등록 | 1981. 5. 21. 제53호
홈페이지 | http://www.cnup.co.kr
이메일 | cnup0571@hanmail.net

값 15,000 원

ISBN 978-89-6849-935-7 (93320)